2014年度教育部人文社会科学研究青年基金项目"社会主义核心价值观的民间共鸣机制研究"（编号：14YJC710002）

社会主义核心价值观民间共鸣的理论与实践研究

陈昌兴　著

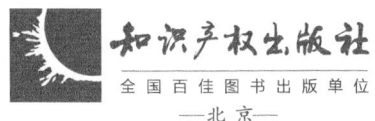

知识产权出版社

全国百佳图书出版单位

—北 京—

图书在版编目（CTP）数据

社会主义核心价值观民间共鸣的理论与实践研究 / 陈昌兴著. — 北京：知识产权出版社，2019.12
ISBN 978-7-5130-6723-2

Ⅰ．①社… Ⅱ．①陈… Ⅲ．①社会主义核心价值观—研究—中国 Ⅳ．①D616

中国版本图书馆CIP数据核字（2019）第295622号

内容提要

本书以马克思主义理论为指导，围绕如何使社会主义核心价值观融入人们生产生活和精神世界，找准与人们思想的共鸣点和利益的交汇点，以及如何更好做到贴近性、对象化和接地气等问题开展系统研究。同时，通过对"最美现象"、垦荒精神、新乡贤等引起民间有效共鸣的成功案例的多维解读，来探寻与总结社会主义核心价值观民间共鸣的有效模式，努力构建起社会主义核心价值观民间共鸣的长效机制，以更好地强化民间对于社会主义核心价值观的认同与践行，促进社会的和谐与发展。

责任编辑：王　辉　　　　　　　　责任印制：孙婷婷

社会主义核心价值观民间共鸣的理论与实践研究
SHEHUI ZHUYI HEXIN JIAZHIGUAN MINJIAN GONGMING DE LILUN YU SHIJIAN YANJIU

陈昌兴　著

出版发行：知识产权出版社有限责任公司	网　　址：http://www.ipph.cn
电　　话：010-82004826		http://www.laichushu.com
社　　址：北京市海淀区气象路50号院	邮　　编：100081
责编电话：010-82000860 转 8381	责编邮箱：laichushu@cnipr.com
发行电话：010-82000860 转 8101	发行传真：010-82000893
印　　刷：北京九州迅驰传媒文化有限公司	经　　销：新华书店及相关销售网点
开　　本：720 mm×1000 mm　1/16	印　　张：13
版　　次：2019 年 12 月第 1 版	印　　次：2019 年 12 月第 1 次印刷
总 字 数：190 千字	定　　价：56.00 元

ISBN 978-7-5130-6723-2

目 录

第 1 章 引 论 ··· 001

1.1 研究现状 ··· 001

1.2 研究价值 ··· 008

1.3 创新之处 ··· 009

1.4 研究的目标、内容与方法 ······························ 009

1.5 重点与难点 ·· 013

第 2 章 社会主义核心价值观民间共鸣的概念意蕴和核心要义 ······ 015

2.1 核心概念界定 ·· 015

2.2 社会主义核心价值观民间共鸣的价值意义 ·············· 020

2.3 社会主义核心价值观民间共鸣的核心要素分析 ·········· 024

2.4 社会主义核心价值观民间共鸣的生成机理与学科视角 ······ 026

第 3 章 社会主义核心价值观民间共鸣效应的实证研究 ·········· 052

3.1 关于问卷发放的说明 ····································· 052

3.2 数据处理和样本基本情况 ································· 053

3.3 社会主义核心价值观民间共鸣效应的实证分析 ·········· 057

第4章 社会主义核心价值观民间共鸣的影响因素分析 ·················· 078

  4.1 社会主义核心价值观的时代机遇与挑战 ·················· 078

  4.2 历史文化心理因素 ·················· 094

  4.3 责任主体因素层面 ·················· 095

  4.4 实践层面 ·················· 097

  4.5 制度建设、法治实践、政策导向和社会环境等方面的影响因素·· 098

  4.6 社会主义核心价值观民间共鸣的群体内部影响因素 ·················· 102

第5章 社会主义核心价值观民间共鸣的方法、途径与案例 ·················· 123

  5.1 社会主义核心价值观民间共鸣的具体实施方法 ·················· 123

  5.2 社会主义核心价值观民间共鸣的具体实施路径 ·················· 130

  5.3 社会主义核心价值观民间共鸣的实践范例分析 ·················· 144

第6章 结语 ·················· 181

参考文献 ·················· 183

附录 调查问卷 ·················· 197

后 记 ·················· 202

第 1 章 引 论

习近平总书记在中共中央政治局第十三次集体学习时强调指出："一种价值观要真正发挥作用，必须融入社会生活，让人们在实践中感知它、领悟它。"❶的确，社会主义核心价值观不在天边，而在你我的生活之中，需要到民间"落地生根"。社会主义核心价值观如何才能更好地融入民间，转化为人民群众自觉的价值追求与社会实践，这一问题的重要性与紧迫性越发凸显。2013年12月，中共中央办公厅印发的《关于培育和践行社会主义核心价值观的意见》指出，培育和践行社会主义核心价值观要"使社会主义核心价值观融入人们生产生活和精神世界"，要"找准与人们思想的共鸣点、与群众利益的交汇点"，要"做到贴近性、对象化、接地气"。❷这就更为明确地回应了社会主义核心价值观如何更好地到民间"落地生根"的问题，社会主义核心价值观只有找准与民间思想的共鸣点，充分挖掘与民间思想的最佳结合点，才能更好地在广大民群众中产生共鸣效应，强化社会主义核心价值观在民间的影响力与感染力。

1.1 研究现状

从社会主义核心价值观的研究视角看，社会主义核心价值观已是当前学界讨论的一个热点。党的十八大报告提出，"倡导富强、民主、文明、和谐，倡导自由、平等、公正、法治，倡导爱国、敬业、诚信、友善，积极培育社

❶ 习近平.把培育和弘扬社会主义核心价值观作为凝魂聚气强基固本的基础工程［N］.人民日报，2014-02-26（01）.

❷ 中共中央办公厅印发《关于培育和践行社会主义核心价值观的意见》［N］.人民日报，2013-12-24（02）.

会主义核心价值观"，用 24 个字，分国家、社会、公民三个层次对社会主义核心价值观做了概括。目前，学界也已围绕社会主义核心价值观的基本范畴、生成规律、理论渊源以及国家、社会、公民三个层面之间的内在逻辑关系等问题，进行了多维度、多层面的研究。

从"三个倡导"的内在关系看，学界普遍认为 24 字核心价值观的三个层面是一个系统，是一个有机联系的整体，需要从整体性视角进行把握，才能更好"展现其理论魅力"，"凸显其生命力"。❶

在理论渊源上，马克思主义理论作为中国和中国共产党的指导思想，是我国思想文化建设的根本指针，也是社会主义核心价值观最为重要的理论根源。"马克思主义价值理论是社会主义核心价值观的理论根源，不仅社会主义核心价值观的核心价值原则来源于马克思主义的社会主义价值原则，而且其思想方法也来源于马克思主义的唯物论、辩证法和历史观。"❷学界在这方面也从各个视角进行了探讨，一些学者从马克思主义人学的视角进行研究，探寻马克思主义人学思想与其渊源关系；还有很多学者分别从马克思主义正义观、平等观、富强观和进步观等具体方面入手开展研究。

同时，学界高度重视中国优秀传统文化对社会主义核心价值观的滋养作用，认为培育和践行社会主义核心价值观需"坚持传统文化滋养与现代性生长的双重关怀"❸。

从社会主义核心价值观与当代中国价值观念的关系上，武汉大学项久雨教授在公开发表的论文中认为，当代中国价值观念"以社会主义核心价值观为核心内容"，❹这也是绝大多数学者的共识。同时，还有的研究者指出了价值观在话语权建设中的重要意义，认为价值观问题是话语权建设的关键与核

❶ 邱仁富.论社会主义核心价值观的整体性［J］.毛泽东思想研究，2017（3）.

❷ 方晓春.社会主义核心价值观与马克思主义价值理论的逻辑关系［J］.毛泽东思想研究，2018（3）.

❸ 齐卫平，徐伟.社会主义核心价值观的传统文化滋养与现代性生长［J］.社会科学战线，2015（6）.

❹ 项久雨，吴海燕.论当代中国价值观念的时代特性和世界意义［J］学校党建与思想教育：普教版，2015（6）.

心："话语权建设的关键在于话语的价值影响力"，"缺乏价值理念为内核的话语表达，就是一种无意义的、碎片化的声音，不可能真正获得话语权"。❶

当前，社会主义核心价值观的海外传播也受到越来越多的关注和研究。如近来有《"一带一路"视域下中国价值观国际传播的三重向度》（项久雨，2019），以及《核心价值观成为海外学者观察中国的新视角》（祝大勇、王雯姝，2019）等相关成果，从不同视角开展了相关研究。正如有研究者认为，社会主义核心价值观的海外传播，是"增进我国与其他国家的相互了解和认同"，"增强中华文化软实力的重要需求"。❷确实，加强社会主义核心价值观的海外传播，能有效增强价值观上的交流与沟通，是消解国际上价值误解的需要。推动社会主义核心价值观"走出去"，能够促进我国与世界其他国家之间的相互了解，增加信任感。伴随着中国综合国力的提升，从"中国威胁论"到"环境威胁论"，再到"中国崩溃论"，对中国的各种偏见与误解之论不绝于耳。这与一些国家利用其话语优势所进行的有意、无意的误导，以及长期压制中国在国际上的价值观话语权，使中国的价值立场、价值主张和价值观点在国际上难以得到充分展示有很大关系。加强社会主义核心价值观的国际传播，扩大和提升当代中国所倡导的价值观念在国际上的认知度和影响力，就是要让国际社会更好地了解中国所倡导的"富强论"，是依靠中国人民的勤劳和智慧而实现的"和平崛起论"，要把中国的和平形象与合作、共赢的主张展现给世界；就是要把中国致力于和谐社会建设，促进人与自然环境协调发展的努力传达给世界；也是要把中国人的诚信与友善，以及中国的文明形象等传播给世界。只有这样，才能更好地澄清种种有意、无意所造成的国际社会对中国价值观上的错觉与误判，真实展现中国的发展意愿与中国人民的精神文明风貌，促进中国与其他国家进行更好地沟通与合作。

随着中国特色社会主义进入新时代，新时代社会主义核心价值观建设也成了学界的热点话题。有研究者认为，在新时代，培育和践行社会主

❶ 谭培文. 中国实践与中国话语权［N］. 光明日报，2015-01-15.
❷ 陈律. 加强社会主义核心价值观的对外传播［N］. 光明日报，2013-08-24.

义核心价值观的根本前提在于理解其重大意义，根本遵循是习近平新时代中国特色社会主义思想，其着眼点在于培育时代新人，而根本途径则是全面融入社会发展。❶ 其中，如何以社会主义核心价值观培育时代新人这一问题在很多研究中被反复提及，受到了广泛关注，如有研究者认为，应从"学""德""辨""实"四个方面下功夫。❷

其他如微时代、大数据时代和多元化背景下的社会主义核心价值观建设也日渐受到重视。学界围绕大学数据如何嵌入社会主义核心价值观培育、微时代的机遇与挑战，以及多元化背景下如何引领和整合各种社会思潮等开展了广泛探讨和研究。

总体来看，学界在这方面的研究内容十分丰富，能为本研究的开展奠定很好的基础。

从共鸣问题研究视角看，共鸣是物理学上常用的概念，指物体因共振而发声的现象，如两个频率相同的音叉靠近，其中一个振动发声时，另一个也会发声。这一学科的一些提法，如"同频共鸣""共鸣频率"等概念在本研究中也有借用，对本研究的开展也有不少启示。声学也有大量相关方面的研究，主要是围绕气息、发音与共鸣等话题展开研究。而文学和新闻传播这些领域的研究，对于社会主义核心价值观民间共鸣问题有着更为直接关联的借鉴意义。这些方面涉及的对于如何引起读者和受众共鸣的理论及探索对本研究有很大借鉴价值。例如，有研究者认为"观照现实方可引起共鸣"，认为电视剧《人民的名义》之所以这么火，在受众中引发这么强烈的反响，很重要的是其反映了当下的社会问题，切中了反腐败这一民众关心的热点，从而"将中国的社会现实展现出来"，使受众感同身受，引发了强烈共鸣。❸

如果说物理学的共鸣关注一个物体的振动引发另一个物体振动的效应，心理学上的共鸣则关注一个人的情感表现对另一个人的感染效应。人的情感

❶　刘培.新时代培育和践行社会主义核心价值观的四个向度［N］.安徽日报，2017-12-01.
❷　张子荣.学德辨实：新时代青年培育践行社会主义核心价值观的四个着力点［J］.思想政治教育研究，2019（2）.
❸　袁中锋.光照现实方可引起共鸣［N］.安徽日报，2017-04-25.

会受故事主角情感的变化而变化，父母会因子女的难过而难过。心理学上认为这些都是情感共鸣领域的心理现象，并对这些问题进行了研究，也取得了不少的研究成果。例如，认为主体情感共鸣的发生很明显会受到跟他人的关系程度的影响，如父母与子女间以血缘与亲情为纽带，亲密度很高，家庭成员就容易为其中一人的高兴而高兴，为其难过而难过。如果与他人的关系亲密度不高，则不宜引发共鸣，如果存在矛盾，有时不仅不会因他人的悲伤而发生共鸣，甚至一些人还会幸灾乐祸。

其他方面也还有不少相关研究成果，如有研究者从伦理与道德教育方面就伦理叙事如何实现情感共鸣问题进行了研究，认为主要是通过"经验世界的范例"来实现，同时对情景创设形成情感共鸣的场域共振等问题进行了探讨。❶ 这些从不同学科视角对共鸣问题进行的研究，有助于从多维度把握共鸣的生成规律，能为本研究的开展提供丰富的理论支持。

从社会主义核心价值观民间共鸣问题的研究视角看：随着研究的深入，人们越来越认识到，社会主义核心价值观并非高不可攀的深奥理论和空洞说教，而是要拉近与民众的距离，到人民群众中去"落地生根"。培育和践行社会主义核心价值观，"重在解决它在人们工作、学习、生活中的践行问题"❷。只有建立起与民众实践生活的有效联系，增强民间认同，社会主义核心价值观的培育和践行才更为有效。当前，随着全球化的深入与信息化的加速，各种价值观念之间激烈交锋。特别是在我国社会转型期，各种价值观念的冲突显得更为激烈。"价值观念的冲突是对人的争夺"，"转型期不同价值观的冲突实质是对人的争夺，不同价值观导向实质是培养什么人的问题，人们选择什么样的价值观亦即人们如何做人的问题"。❸

面对这样复杂的形势，社会主义核心价值观如何才能更好地找到与民间的共鸣点、摸准民间的"固有频率"，以及如何引起民间有效共鸣，以更好地融

❶ 林楠，吴佩婷.伦理叙事激发情感共鸣的机理探究［J］.社会科学战线，2019（1）.

❷ 孙健，孙翔，雒季.从观念到践行——社会主义核心价值观如何深入大众［M］.兰州：甘肃人民美术出版社，2015.

❸ 陈章龙.论主导价值观［M］.南京：南京师范大学出版社，2004：111.

入民间，应对转型期价值观的激烈冲突和市场经济下的世俗价值观淹没、消解理想信仰等现象，使民众能更好地抵御西方思潮的消极影响和冲击，从而能更加充分发挥社会主义核心价值观凝聚人心的作用，这些问题也越来越受到学界的关注。当前学界从社会主义核心价值观的民间接受机制、民间载体，以及如何与民间生活有效对接等方面开展了许多研究。从民间载体建设看，有的研究者就如何通过民间艺术弘扬社会主义核心价值观开展了研究。❶ 还有的研究者就如何"利用民间体育竞赛的传播功能，大力宣传社会主义核心价值观"进行了探索。❷ 这些研究对于社会主义核心价值观如何进行民间共鸣载体的建构，以及促进民间共鸣效应的实现有着很大借鉴意义。在民间共鸣场建设方面，学界有不少从民间舆论场视角开展的研究，认为其是"社会主义核心价值观建设所面对的现实场景之一"，有助于促进社会主义核心价值观的认同和践行。❸ 还有的研究就如何在"媒体融合中寻求价值共鸣与把握传播节奏"等问题进行了探索。❹ 还有李茂平在其著的《民间的道德力量》（中国社会科学出版社，2011）一书中就民间组织及其道德整合功能的具体展现进行研究，探寻民间道德力量的激发策略。这些都对本研究有着很大借鉴与启示意义。

在国外，很多著名的哲学家、心理学家、社会学家等都对价值观、国家核心价值观及其培育和建设等问题有过论述。对于何为价值观，研究者们曾一度众说纷纭，直到1951年克拉克洪（Kluckhohn）将价值观经典地定义为：一种外显的或内隐的，有关什么是"值得的"的看法。❺ 此后，罗克奇、施瓦茨等也分别对价值观进行了阐释。在国家核心价值观的培育和建设方面，美国和西欧很多国家都十分注重，美国前总统克林顿曾说："虽然学校不能倡

❶ 杨立川.通过民间艺术传播社会主义核心价值观［N］.光明日报，2016-06-11.

❷ 李新科，孙鹏.民间体育视角下社会主义核心价值观认同的路径创新探讨［J］.玉林师范学院学报，2018（5）.

❸ 王宇，张澍军.民间舆论场中社会主义核心价值观的价值感召［J］.思想政治教育研究，2017（6）.

❹ 柯溢能.媒体融合中寻求价值共鸣与把握传播节奏的路径分析——以报道浙大食堂大叔现身毕业典礼为例［J］.新媒体研究，2017（22）.

❺ 杨宜音.社会心理领域的价值观研究述要［J］.中国社会科学，1998（2）.

导官方宗教信仰，但它应当教授主流价值观。"❶ 他认为学校要积极承担起美国核心价值观培育与建设的责任。美国学者理查德·F.库索尔在《法兰西道路：法国如何拥抱和拒绝美国的价值观与实力》一书中，运用大量的历史资料，向人们展现了法国人面对美国文化入侵时，如何拥抱和拒绝美国的价值观，如何寻求自己独特的发展道路，对于中国特色社会主义核心观的建设有不少启示。同时，国外在国家核心价值观如何能更好地找到与民间的共鸣点，有效引起民间共鸣方面，也有许多观点与看法值得借鉴。例如尼克松在《真正的战争》（新华出版社，1980）一书中谈到人员互访时指出，西方国家的专家、学者、科技人员、旅行家、官员、留学生都是价值观念的载体，他们能够有效地把国家的价值观念传播到其他国家去。再如英国的民间组织则以社区为载体，在多样化的服务中宣传英国核心价值观。这些观点和实践对于我国社会主义核心价值观如何更好地利用民间载体、建构民间传递机制以及良性循环机制的构建等方面有着不少的借鉴和启示意义。

学界对于社会主义核心价值观要有效引起民间共鸣这一问题越来越重视，而学界在这方面仍然缺乏深入的思考与系统的研究，对社会主义核心价值观如何才能找到与民间的共鸣点，摸准民间的固有频率，以及如何进行有效共鸣路径的建构等方面还需进一步深入探讨和进行理论体系的搭建，以更好满足现实的强烈需求。目前，在相关研究内容方面，社会主义核心价值观或共鸣单个层面的研究很多，如前所述，各个学科视角和各个层面均有不少研究，而将社会主义核心价值观和共鸣问题置于一个理论框架下进行综合研究的成果则相对较少，并主要集中于意义和呼吁的相关研究，对其进行深入的机理探讨、学理分析等相关系统的研究则更少。

同时，当前学界也十分缺乏对社会主义核心价值观民间共鸣效应的真实把握，需要进一步深入民间调查与了解社会主义核心价值观的民间真实共鸣效应。这一研究现状更加凸显了社会主义核心价值观民间共鸣理论与实践研究的

---

❶ 比尔·克林顿.希望与历史之间［M］.金灿荣，等译.海口：海南出版社，1997：98.

重要价值意义，这也是搭建本书基本框架的主要依据。本书关于社会主义核心价值观民间共鸣的理论与实践研究，便是探讨社会主义核心价值体观如何才能更好地找准与民间普通民众思想的共鸣点与利益的交汇点，以更好地产生共鸣效应，到民间"落地生根"，以弥补这方面理论研究上存在的不足。

1.2　研究价值

从理论层面看，本书在理论上对社会主义核心价值观民间共鸣的重要概念、基本命题和学科基础等问题进行了深入研究，从社会主义核心价值观的民间共鸣频率、民间共鸣载体、民间共鸣情景、民间话语体系和共鸣环境等方面对社会主义核心价值观民间共鸣的长效机制进行了系统构建，对"最美现象"、垦荒精神、乡贤文化等引起民间有效共鸣的成功实践进行了学理分析，对社会主义核心价值观民间共鸣效应的生成轨迹、主要影响因素及其控制策略等关键问题展开深入研究，形成了一定的理论研究框架，丰富和完善了社会主义核心价值观的研究，弥补了培育和践行社会主义核心价值观研究中的不足，有助于社会主义核心价值观更好地在民间落地生根，增强社会主义核心价值观的民间认同。

从实际应用层面看，本书通过社会主义核心价值观民间共鸣效应的调研，有助于把握社会主义核心价值观民间共鸣的现状，摸准民间共鸣的"固有频率"，找准不同年龄、职业、文化程度等的民众各自的"共鸣点"所在。并在对社会主义核心价值观民间共鸣的影响因素进行宏观审视与微观剖析的基础上，结合对有效引起民间共鸣的"最美现象"、垦荒精神、乡贤文化等典型实践的多维解读，积极总结与探寻社会主义核心价值观民间共鸣的有效模式，探讨社会主义核心价值观如何才能更好地找到与民间的共鸣点、引起民间有效共鸣等问题，有助于社会主义核心价值观更好地融入民间，转化为"人民群众的自觉追求"与社会实践。在社会转型和价值多元化背景下，社会主义核心价值观建设问题更为凸显，进行社会主义核心价值观的民间共鸣的理论与实践研究，有助于促进社会主义核心价值观更好地更好发挥其价值整合与社会认同的功能。

1.3 创新之处

一是理论架构的创新：本书在厘清社会主义核心价值观民间共鸣的重要概念、基本命题、学科基础及研究意义与方法等问题的基础上，从社会主义核心价值观的民间共鸣频率、民间共鸣载体、民间共鸣情景、民间话语体系和共鸣环境等方面，对社会主义核心价值观的民间共鸣效应与实现路径进行系统建构与科学体系的研究，对社会主义核心价值观民间共鸣效应的生成轨迹、主要影响因素及其控制策略等关键问题展开深入研究，形成了一定的理论研究框架。

二是实践层面的创新：本书通过调查研究来把握社会主义核心价值观的民间真实共鸣效应，了解不同年龄、职业、文化程度等民众各自的"共鸣点"所在，并结合对"最美现象"、垦荒精神、乡贤文化等引起民间有效共鸣的成功实践进行多维度、多视角的解读，积极总结与探寻社会主义核心价值观民间共鸣的有效实践模式，强化民间对于社会主义核心价值观的认同与践行。

三是研究方法的创新：本书尝试引入因素分析法，以及通过宏观审视与微观剖析相结合，对社会主义核心价值观民间共鸣效应的生成机理与影响因素进行多维解析。通过采用问卷调查法、个案研究法，以及在对不同年龄、职业、文化程度等群体的民间共鸣点进行研究时的比较研究法，将理论与实践研究有机结合。本书力求通过借助以上研究方法准确把握社会主义核心价值观民间共鸣所面临的内外环境，并为有效实现路径的建构提供依据。

1.4 研究的目标、内容与方法

1.4.1 研究目标

一方面，通过本书的研究，在理论上对社会主义核心价值观民间共鸣的重要概念、基本命题和学科基础等问题进行深入研究，并从社会主义核心价值观的民间共鸣频率、民间共鸣载体、民间共鸣情景、民间话语体系和共鸣环境等方面对社会主义核心价值观民间共鸣的长效机制进行了系统构建，以弥补培育和践行社会主义核心价值观研究中的不足；另一方面，在实践层面，通过调查研究来把握社会主义核心价值观的民间真实共鸣效应，了解不同年龄、职业、文化程度等的民众各自的"共鸣点"所在，并结合对"最美现象"、垦荒精神、新乡贤，以及本土道德楷模等引起民间有效共鸣的成功实践进行多维视角的解读，积极总结与探寻社会主义核心价值观民间共鸣的有效模式，以期有利于解决社会转型和价值多元化背景下，如何有效促进社会主义核心价值观更好地转化为"人民群众的自觉追求"与社会实践的这一难题，更好发挥其价值整合与社会认同的功能，从而有利于当代中国社会的稳定与发展。

1.4.2　研究内容

（1）引论。在本部分中，对研究现状做系统总结与回顾，再从理论与实践层面阐述研究意义，明确研究目标、研究内容和研究方法，分析研究重点与难点，努力建构起本研究的基本理论框架。

（2）社会主义核心价值观民间共鸣的概念意蕴与核心要义。在马克思主义理论指导下，对社会主义核心价值观民间共鸣研究中涉及的核心概念进行多维解读，阐述其意义，剖析其内在构成要素。在本部分也对社会主义核心价值观民间共鸣效应的生成机理等关键问题展开深入研究。在生成原理方面主要从党和政府的推动作用、民间自身的需要，以及在实践中形成和发展等方面开展研究。同时，对社会主义核心价值观民间共鸣中马克思主义理论及其中国化理论成果和中国优秀传统文化的理论地位与作用进行分析，再运用哲学、社会学、传播学、心理学和教育学等多学科知识对其进行学理分析。

（3）社会主义核心价值观民间共鸣效应的实证研究。社会主义核心价值观要输入民间，并要引起民间的有效共鸣，就需要找准共鸣点。民间传承下来的各种美德，民间各种潜在的向善之心，以及什么事物最易引起普通民众心灵深处的震撼与共鸣，这些都需要我们深入民间去调查，去发现，去挖掘。社会主义核心价值观怎样才能在民间引起更为有效的反应，"振幅"怎样，这些都需要通过调查分析来实现。本部分通在对问卷发放方法、数据处理和样本基本情况进行说明的基础上，从各个方面全调查民间共鸣效应，并运用SPSS 软件对数据进行统计分析。

（4）社会主义核心价值观民间共鸣效应的影响因素研究。在本部分中，对社会主义核心价值观民间共鸣效应的主要影响因素及其控制策略等关键问题展开深入研究。影响因素的分析，一方面是从新时代、多元化和全球化、微时代的传播特点等宏观视角进行解读，另一方面从微观层面探讨不同年龄、职业、文化程度等因素的影响。同时，对社会主义核心价值观是否发生有效共鸣进行评估，如果发现与民间的固有"共鸣点"对不上，不能产生有效共鸣时，就要分析是哪些因素阻碍了共鸣效应的发生，及时根据反馈回来的信息作相应调整，使民间最终能与之同频共振，发出美妙的旋律，使社会主义核心价值观真正融入群众的生活之中，最终做到"落地生根"。

（5）社会主义核心价值观民间共鸣效应的有效实现路径建构。这部分对社会主义核心价值观民间共鸣有效实现路径建构的基本实施方法、实施路径等问题和典型个案进行系统、深入的研究。在明确基本实施方法的基础上，从社会主义核心价值观的民间"共鸣频率"把握、民间共鸣载体建设、民间共鸣情景创设、民间话语体系建设和共鸣环境优化等方面，对社会主义核心价值观民间共鸣的有效实现路径进行系统建构，为社会主义核心价值观的民间践行和实践活动提供理论支持与政策参考。而"最美现象"、垦荒精神、乡贤文化，以及本土道德楷模等是社会主义核心价值观的实践形态，是民间平凡人物践行社会主义核心价值体现的典范，他们的美好举动，本身便是民众内心深处求善本质的激发与放大，容易被民众所认同，在民间也便极易会引起更为广泛的共鸣，有助于促进社会主义核心价值观践行的良好社会生态环境的形成。对这些典型的成功实践进行深入剖析，把握其与社会主义核心价值观民间共鸣两者内在逻辑关联，积极总结成功经验，能为社会主义核心价值观在民间更好地践行开启新思路。因而，本部分将结合这些成功实践案例，探讨社会主义核心价值观民间共鸣的有效实践规律与模式。

（6）结束语。主要研究包括对本书研究作抽象和升华性的总结，并指出整个研究的不足之处，为其后续研究提供具体的图景。

1.4.3　研究方法

本书在研究中运用多种研究方法开展研究，其中主要的研究方法如下。

（1）多学科交叉研究法。本书涉及众多学科，需要坚持以马克思主义理论为指导，整合哲学、传播学、社会学、教育学等多学科资源，从不同学科视角作深入的探讨。

（2）田野调查法。将深入民间，采取访谈、问卷、座谈会等方式，准确找准社会主义核心价值观与人们思想的共鸣点，对社会主义核心价值观在民间是否引起有效共鸣进行调查分析，掌握第一手资料，使课题研究建立在丰厚翔实的资料基础上。

（3）宏观审视与微观剖析相统一的研究方法。在本书中，民间共鸣的影响因素众多，既有新时代和微时代的到来、全球化和价值多元化的时代影响、社会转型等宏观因素的影响，又受到历史文化、制度建设、法治实践、政策导向、社会环境和社会实践等中观层面因素的影响，还受到不同年龄、职业、文化程度等群体内部微观变量层面因素的影响，这时选择宏观审视与微观剖析相统一的研究方法，既可以从整体、宏观视角把握民间共鸣的影响因素，又可通过细致分析，解析民间共鸣的各类具体影响因素。

（4）文献法。本书在以问卷调查获取第一手资料和个案研究之外，也离不开对这一研究领域相关资料的广泛收集和分析，从而能更好把握这一领域的科研动态和热点话题，及时汲取在这方面的最新研究成果，以为本研究提供更为丰富的资料支撑。从目前与社会主义核心价值观民间共鸣的相关理论与实践研究情况看，这一方面的直接资料相对不多。但各界对于培育和践行社会主义核心价值观十分关注。同时，国内外关于价值观、社会主义核心价值观等的研究也取得了较为丰厚的研究成果，以及还有很多关于"最美人物"、新乡贤和垦荒队员这些在实践中涌现的先进践行典范的研究和宣传报道，对这些研究成果和宣传资料进行深入挖掘、细致搜集与系统梳理，无疑可为本书的开展提供丰富的可供参考与借鉴的文献和经验。

1.5 重点与难点

1.5.1 重点

（1）以马克思主义理论为指导，厘清社会主义核心价值观民间共鸣研究中的一些基本范畴和重要命题，为本书研究打好理论基础。

（2）如何找准社会主义核心价值观与人们思想的共鸣点，这是本书的一个重点。当外界对一个物体输入的能量刺激与这一物体的固有频率越接近，引起这一物体的振幅就会越大。社会主义核心价值观要输入民间，并要引起民间的有效共鸣，就需要找准共鸣点。民间传承下来的各种美德，民间各种潜在的向善之心，以及什么事物最易引起普通民众心灵深处的震撼与共鸣，这些都需要我们深入民间去调查，去发现，去挖掘。

（3）关于社会主义价值观引起民间有效共鸣路径的研究。进行民间共鸣策略的建构，使民间产生越来越多诸如"最美人物"等民间平凡人物践行社会主义核心价值观的典范，带动社会主义核心价值观践行的良好社会生态环境的形成，使社会主义核心价值观在民众的实际践行中得以真正的升华。社会主义核心价值观民间共鸣效应的实现，需要在明确遵循原则、基本方法和责任主体等问题的基础上，进行社会主义核心价值观的民间载体和传递机制建设，民间评价和教育机制的建设，以及还需要进行良性循环机制等的构建，这是一个复杂的系统工程，也是本书需要研究的重点。

1.5.2　难点

如何才能准确把握不同年龄、职业、文化程度等民众的"共鸣点",摸准民间的固有频率,使社会主义核心价值观在民间真正引起共鸣效应,更好地到民间"落地生根",这是本书要解决的一个技术难点。而这不仅需要理论上的探讨与研究,还必须要深入民间,需要调查分析,来真实把握民间的想法和评估社会主义核心价值观是否引起有效共鸣,以及未有效共鸣时还需分析是哪些因素影响所致,并积极根据反馈回来的信息想出对策、做出调整,这是一个复杂的工作,也是本书的难点。

第 2 章　社会主义核心价值观民间共鸣的概念意蕴和核心要义

2.1　核心概念界定

2.1.1　价值观与社会主义核心价值观

关于价值，各学科对其界定和认识会存在巨大差异。从价值的一般性含义，即哲学的视角看，学界大多从主客体之间的需要与满足关系去认识和把握。所谓的事物具有价值，表示的是："它能够满足人、阶级或社会的某种需要，成为他们的兴趣、意向和目的所追求的对象。"❶ 简而言之，价值就是好，是善；也就是事物的存在及其属性，对于人而言所具有的意义和效用。在人们认识和改造世界的实践中，既要把握事物的内在本质与规律，也要对事物是否能够满足自身需要、能在多大程度满足自身需要、如何满足自身需要，以及哪些事物对自身来说是有利的、重要的等价值问题进行追问。

价值观作为主体对于客观事物能否满足主体某种需要而进行评判时所持的观点，是主体对于自身需要与生活意义的理解与追求，它总是和主体的需要紧密联系在一起的。价值观是人们对于客观存在的价值关系的反映，它是人们关于价值问题和价值现象的比较稳定的、深层的和系统的看法与观点。从这一意义上说，社会主义核心价值观在民间的共鸣，是民众对于其在是否

---

❶　袁贵仁. 价值观的理论与实践：价值观若干问题的思考［M］. 北京：北京师范大学出版社，2006：72.

满足需要上给出的一种肯定性回答。同时，不同民众由于接受教育的情况、所处的社会阶级或阶层、成长的环境，以及生活的境况等方面存在差异，他们在需要与利益诉求上会有所不同，在价值观上也会呈现出差异性。"由于地理环境、风俗习惯、文化传统和历史使命等方面的不同，世界上存在着各种各样的价值观，这是十分自然的事情。"❶但这并不意味着这些各式各样的价值观都是合理的、正确的，不然会陷入价值相对主义的误区。一种价值观是否正确，一方面，要看其是否是对客观存在的价值关系的正确反映和合理表达，也即一种正确的价值观是要建立在对事物的属性、规律和人的需要关系问题进行正确把握和科学理解的基础上。另一方面，一种价值观正确与否，不能只站在客观事物属性与个人的需要的关系视角去认识和判断，价值观作为人的意识范畴，必然要反映社会现实，满足社会需要，符合人类的根本利益。正如有学者所指出的："一种价值观是否科学、合理、先进，归根到底要看它如何反映和反映了什么样的主体利益、条件和需要，是否同事物发展的规律和人类历史进步的趋势相一致。"❷

在一个社会中，多种价值观经过反复交锋、整合，以及教育引导，会形成一个在社会中起支配地位、反映特定社会历史条件下的人们的实践要求、普遍需要与利益的价值观，即为一个社会的核心价值观。社会主义核心价值观便是在马克思主义理论指导下，在中国特色社会主义建设与发展历史进程中形成的，反映中国人民共同的利益诉求和价值追求的价值观。

24 字核心价值观是中国共产党领导广大人民在长期的实践中经过不断地提炼和概括，最终生成的集中彰显中国立场、中国智慧和中国精神的具有鲜明中国特色的价值理论成果。它是党和人民的实践经验在价值观念上的反映，是中国特色社会主义及其优越性的精神价值呈现，在新时代坚持和发展中国特色社会主义中发挥着不可或缺的价值引领作用。其一经提出，便引发了民

---

❶ 袁贵仁．价值观的理论与实践：价值观若干问题的思考［M］．北京：北京师范大学出版社，2006：253.

❷ 李德顺．论树立正确的价值观［N］．光明日报，1998-01-10.

间的高度关注与践行热情，成为凝心聚力和实现中国梦的精神旗帜，也使中国人民的价值自信空前提升。中国发展的价值目标、基本的价值立场，以及所倡导的核心价值主张等都在高度概括的 24 字中得以充分体现和表达，更进一步地解决了争取民间价值观建设中想要倡导什么这样的关键性问题，向民间更为清晰地释放和表达了当代中国的价值主张与价值立场，对于民间价值共识的达成，进一步赢取价值观领域的民间话语权奠定了坚实的基础。

同时，从国际视角看，社会主义核心价值观是中国向国际社会传递中国的价值立场、价值主张，以及价值原则等的一张中国名片，其能够充分展示出中国良好的国家形象和中华文化的独特魅力，能将中国要建成怎样的国家与社会，以及我国人民的整体精神风貌传递给世界，使中国能更好地赢得国际社会的理解与支持。它是对中国特色社会主义道路、理论、制度，以及文化的价值表达，是当代中国的价值主流，能够使国际社会更好地对中国道路、中国模式和中国崛起进行符合真实意义上的科学认识，做出正面的价值判断和价值评价。加强社会主义核心价值观建设，就是要积极回应在当前世界激烈的价值观碰撞与交锋中如何争取主动的问题，以不断扩大当代中国价值观念在国际社会的影响力、阐释力和吸引力。我们在向国际社会展示中国建设的成就，叙说中国的和平崛起、讲述中国惊天动地的发展奇迹的同时，在价值观领域却未能建立起相应的影响力，还很缺乏对中国价值的国际阐释和展示。在新时代，加强社会主义核心价值观建设迫在眉睫，随着我国改革开放的深入发展和经济社会建设不断取得巨大成就，当代中国价值观念也必然需要"走出去"，在国际上赢得认同和相应的话语权。

2.1.2　社会主义核心价值观民间共鸣的内涵意蕴

当前，随着培育和践行社会主义核心价值观的广泛开展，怎样找准"与人们思想的共鸣点"及"与群众利益的交汇点"，❶ 使社会主义核心价值观更

---

❶　中共中央办公厅印发《关于培育和践行社会主义核心价值观的意见》[N]．人民日报，2013－12－24.

好地转化为民众的自觉追求与社会实践，这一问题越来越引起人们的高度关注，并屡见报端。《人民日报》《光明日报》和其他宣传资料中频频论及，有"找准情感的共鸣点，核心价值观才更有亲和力"❶、"小处着手，人人可为，细处着眼，润物无声，方能深入人心、赢得共鸣"❷，以及"新时期，培育和践行社会主义核心价值观，关键在于如何引发共鸣、调动起百姓参与的积极性"等大量的论述与报道，❸ 从中也可以看到人们在实践中对社会主义核心价值观能否引发民间共鸣效应的高度重视。而学界在这方面还缺乏系统的研究，难以满足实践对于相关理论的强烈需要和呼唤。因此，有必要对社会主义核心价值观民间共鸣的含义、价值，以及着力点这些基本问题进行探讨，以促进社会主义核心价值观在实践中能引发民间更为广泛的共鸣，不断增强其在民间的说服力、吸引力和影响力。总之，培育和践行社会主义核心价值观，需要不断拉近其与民众之间的距离，并与他们的生产与生活中的关注点和兴趣点紧密对接。如此，社会主义核心价值观才能变得更为接地气，更为亲切可感，才能更为有效地引发其在民间的同感与共鸣。

共鸣从词源学上看，resonance 是与之对应的英文单词，resonare 是其拉丁词源，它的意思是产生回响（resound）。从这一词源学的解释来说，社会主义核心价值观的民间共鸣可以理解为社会主义核心价值观有效传递到了民众之中，并获得了他们的积极回应。

从社会主义核心价值观民间共鸣的生成过程来看，主要涉及"激发""理解""感动"和"响应"这几个关键环节。社会主义核心价值观民间共鸣需要特定的情形、景象或事件来激发，也需要通过理解，透过现象，认识出现的相关情形、景象或事件的本质。例如，当人们读到"曾子杀猪"的故事、看到温州"还债老人"的事迹时，会领会到事件的内在精神实质在于对重信守诺的肯定和倡导。而当人们将这些事件跟自身与诚信相关的难忘经历、特定感受与情

---

❶　人民日报评论员.以人为本提升价值认同度［N］.人民日报，2014-02-24.

❷　于洪波.以人为本提升价值认同度［N］.人民日报，2014-09-27.

❸　侯召溪，等.蓬莱市开展"做新时期蓬莱人"大讨论，让核心价值观融入百姓生活［N］.烟台日报，2014-05-13.

感记忆，或是见到、碰到过的欠债不还等失信行为相联系时，更是会激发人们对于倡导诚信的支持和对失信行为的气愤之情，也会更了解这些诚信典范的不易和自身道德修养上存在的差距，进而会引起民众内心深处的震撼，对事件、景象背后的人或事产生敬重、同情、崇拜等情感，使民众为之感动，并产生情感共鸣。感动是社会主义核心价值观民间共鸣在心理与情感层面的必须环节。"对生活中真善美的事物感到愉悦并能够欣赏赞美，能够为人间的真情而感动以至流泪，这不仅是一种心理反应，也是一种情感能力。"❶当民众认识到事件、景象背后的精神实质并为之感动之后，会在此基础上产生一种积极响应的冲动，认识到自己也应该承担的责任与义务，进而会在其推动下转化为传递正能量、传播与践行社会主义核心价值观的积极响应之行。

从结果和效应来看，共鸣往往含有"强化""延长"及"转化"之意。物理学上认为，微弱的声音经过共鸣之后会被加强和放大。从共鸣在英文中对应的单词resonance看，其也含有通过反射或共振实现声音的增强或延长之意。在培育和践行社会主义核心价值观中，通过强化、延伸和转化，会在时空上深化社会主义核心价值观在民间的宣传教育效果，能有效提升其在民间的引领与凝聚作用。例如，民间道德模范是民间积极践行社会主义核心价值观的鲜活案例，这些民间道德楷模通过其一言一行能形象而生动地告诉人们该如何自觉践行社会主义核心价值观。通过先进事迹宣讲、微电影、报告文学等多种传播形式来宣传他们，会使民众为之感动并产生情感共鸣。而反复的思想碰撞与情感共鸣，会使民间道德模范身上所彰显出的社会主义核心价值观的内在要求在其他民众身上不断重复和再现并得以强化和巩固。同时，民众将这种情感上的反复共鸣转化为自觉的践行行动，并通过人际传播、口耳相传、身体力行等实践方式，将这种道德模范的示范效应如涟漪般在民间扩散开来，实现了这种先进道德力量的共鸣效果在时空上的不断扩大与强化，使民众潜在的向上、向善之心得到更为广泛的激发，也能使培育和践行社会主

---

❶ 刘晓伟.情感教育［M］.上海：华东师范大学出版社，2007：106.

义核心价值观的效果更为持久、有效。

对于共鸣，不同的学科往往从不同视角对其做出不同的界定。但从各学科对共鸣所作阐述的共同点来看，各学科都认为一事物要引发另一事物的共鸣，两者之间必须要有结合点或共通之处。在物理学上，一声波和另一声波相遇，需要频率相同才会发生共鸣，即同频才能共鸣。在文学中，作品的阅读者与文本之间在思想、情感，或是经历遭遇上具有某种相似或一致时才会产生共鸣，感受不同则难以共鸣。《辞海》在对共鸣的阐释中也特别提到，作品表现的思想感情与鉴赏者的思想感情对立的情况下，不能引起共鸣。❶从这个角度看，只有找到社会主义核心价值观与民众人生经历、情感体验，以及生活感受的有机结合点，才能有效唤起大众内心深处的相关记忆，促发大众的广泛共鸣。

综合以上分析，可以看到，社会主义核心价值观民间共鸣是一个涉及众多学科的复杂问题，其是指经过"激发""理解""感动"和"响应"等环节，使社会主义核心价值观与民间思想实现有效对接，并在民间引发广泛响应与践行热情，从而能使社会主义核心价值观在民间的培育和践行中获得更佳的效果。

2.2 社会主义核心价值观民间共鸣的价值意义

社会主义核心价值观必须在广大民众中赢得广泛响应，激起践行热情，否则就会成为无源之水、无根之木，就会失去生机。只有找准了社会主义核心价值观与民间思想之间的契合点，使广大民众对其产生同感和共鸣，并使其逐步成为民众自觉遵循与维护的价值取向、价值准则和行为规范，才能有效扩大社会主义核心价值观在民众中的影响力与渗透力，使其更加深入民心，更具生命力。这对于民众个体层面的全面发展，国家层面的民族复兴和国际层面的价值挑战应对，都具有巨大价值意义。

---

❶ 辞海编辑委员会.辞海［M］.上海：上海辞书出版社，1980：1238.

2.2.1　激发民间向善之心，促进民众全面发展

德是一个社会健康发展的重要元素，也是人的全面发展必不可少的组成因子。社会主义核心价值观的民间共鸣关注社会主义核心价值观的民间生成和民众内在向善之心的激发，有助于社会主义核心价值观在民间更好地展现出其真善美的特质，增强我国广大民众对于当代中国主流价值观的认同，以更好地促进广大民众的道德人格的完善。奥尔波特认为："是否拥有坚定的价值观这一点，把健康人从神经病患者中清楚地区分开来。"❶ 他进一步指出，"神经病患者没有价值观，或者仅仅有片段的和短暂的价值观……神经病患者的价值观不能持久或强烈到足够连接或统一生活一切方面的程度"。❷ 在一些心理学家看来，一个人是否拥有坚定的价值观是其健康与否的一个重要标志。从这一视角看，强化社会主义核心价值观的民间培育，使民众拥有稳定的、持续的价值追求，有助于促进他们人格的完善和健康而全面的发展。

社会主义核心价值观的民间共鸣，就是要从民众的亲身经历、特定感受与情感记忆出发，找到民众内在善良道德意愿和道德情感的生长点，激发民众内在的道德需要与价值追求，使社会主义核心值观更好的在民众内心深处生根发芽，这样才有助于引导民众自我建构与社会主义核心价值观要求相适应的价值体系，使民众内在的向上之心得以不断生长与放大，使民众的价值要求与道德人格不断得以完善，从而最终促进人的全面发展。

2.2.2　增强民众价值自信，应对国际价值挑战

美国学者理查德·F.库索尔在《法兰西道路：法国如何拥抱和拒绝美国的价值观与实力》一书中，运用大量的历史资料，向人们展现了法国人面对美国文化入侵时，如何拥抱和拒绝美国的价值观，以及如何寻求自己独特的

---

❶　袁贵仁.价值观的理论与实践：价值观若干问题的思考［M］.北京：北京师范大学出版社，2006：135.

❷　袁贵仁.价值观的理论与实践：价值观若干问题的思考［M］.北京：北京师范大学出版社，2006：135.

发展道路等问题，同时，其也反映出了当今世界范围内各国在核心价值观领域的激烈交锋。为更好地应对这一情况，各国都十分重视本国核心价值观的培育，并通过各种努力将本国核心价值观融入民众的生产生活和精神世界，以增进民众对于国家核心价值观的认同与自信。特别是在当前，西方发达国家往往利用其在现代经济、技术等方面的优势，并借着全球化潮流，以更为隐蔽、灵活的方式向我国大力渗透和宣传其"普世价值论"等西方核心价值观念。在这样的形势下，要避免我国民众在价值观激烈冲突的新态势下陷入观念和价值的盲从之中，必须大力推进社会主义核心价值观转化为民间的价值共识，强化社会主义核心价值观的民间影响力与渗透力。这就需要重视社会主义核心价值观的民间共鸣问题，使社会主义核心价值观更好地深入民心，在民间生根发芽，以更好地增加我国民众的价值观自信和底气，这样才能使民众更好地避免坠入西方"普世价值"的陷阱，出现价值迷失。

2.2.3 凝聚民间价值共识，汇聚民族复兴力量

实现中华民族的伟大复兴，是中华儿女近代以来最伟大的梦想，而人民群众则是实现中华民族伟大复兴的主体与根本力量所在。只有有效激发蕴藏于民间的力量，将不同民族、社会阶层和家庭文化背景的民众凝聚起来，才能汇聚成民族复兴的无穷力量。中国的崛起与复兴，需要经济、科技与军事等硬实力的壮大，也需要强大的软实力作支撑。社会主义核心价值观是文化软实力的灵魂，建构起与中华民族崛起和复兴相匹配的价值体系，能为中华民族的崛起与复兴提供价值支撑。社会主义核心价值观是凝心聚力、进行社会主义现代化建设不可或缺的价值内核，切实将其转化为广大民众的自觉价值遵循与共同价值追求，不断强化其在民间的亲和力与影响力，让其真正深入民心，在民间生根发芽，成为"民间知识"和价值共识，使民众心往一处想，劲往一处使，无疑能在民间汇聚起民族复兴的磅礴之力，能为中华民族的伟大复兴提供坚强的价值依托。当今社会，在价值多元化和纷扰思潮的影响下，一些人的价值评价标准和是非底线变得模糊不清，主流价值被遮蔽和

消解，出现了公私不分、荣辱错位、贪污腐化、理想信念淡化等消极现象，在这样的背景下更要充分发挥社会主义核心价值观的认同、整合以及导向的功能。要实现民族的复兴，不能没有价值导航，社会主义核心价值观是当前多元文化背景下凝聚民众共识的"最大公约数"，大力推进社会主义核心价值观在民间的有效生成，将其转化民众的自觉追求和社会实践，是有效汇聚民间力量，使亿万民众团结奋进共同参与民族复兴的精神旗帜，能为民族复兴的最终实现提供持久的价值动力。

2.2.4　打通"最后一公里"，推进落地生根

党的十八大以来，全国各界对于社会主义核心价值观建设高度重视，习近平总书记在培育和践行社会主义核心价值观方面发表了一系列重要讲话，提出了一系列重要思想。而社会主义核心价值观民间共鸣问题则是涉及打通"最后一公里"，促进和实现社会主义核心价值观真正深入民心、落地生根的关键性问题。毛泽东在《实践论》中指出："如果有了正确的理论，只是把它空谈一阵，束之高阁，并不实行，那么，这种理论再好也是没有意义的。"❶确实，社会主义核心价值观必须要更加的平民化，要与民众的生产、生活紧密对接，使之更加接地气，变得具体、易懂、可近、可学，让广大民众认识到，它并非是高不可攀的深奥理论和空洞的说教。如此，社会主义核心价值观与广大民众之间的有效联系才能够更好地建立起来，其与民众的距离才能被拉近，其与民众间隔阂也能更好地被消除，也就能够更为有效地深入民心，真正到民间生根发芽。因而，社会主义核心价值观是否能赢得民众的积极响应与支持，能否搭建起与民众实践生活的有效联系，达成在民间的共鸣的目标，是在培育和践行社会主义核心价值观中能否有效避免"末梢堵塞"，使社会主义核心价值观真正融入民间，真正取得应有效果的关键所在。

---

❶　毛泽东.毛泽东选集（第1卷）［M］.北京：人民出版社，1991：292.

2.3 社会主义核心价值观民间共鸣的核心要素分析

社会主义核心价值观的民间共鸣是一个由多种要素构成的复杂系统，可从以下构成要素入手对其加以分析。

2.3.1 民间"共鸣频率"

物理学上认为，物体都有其固有的频率，同频才会共鸣。社会主义核心价值观要输入民间，并要引起民间的有效共鸣，首先就需要把握民间共鸣的"固有频率"，充分挖掘民间思想的"兴趣点"，找出社会主义核心价值观与民间思想的最佳结合点所在。民间传承下来的各种美德，基层民众各种潜在的向善之心，以及什么事物最易引起普通民众心灵深处的震撼与共鸣，这些都需要我们深入民间，去发现，去挖掘。要了解这些就需要善于捕捉民间热点话题，认真研究民众普遍感兴趣的热点问题与社会动向，倾听他们的意愿与要求。大到国家的大政方针，小到民众的柴米油盐，社会主义核心价值观只要善于摸准民间的"固有频率"，戳中民间思想的共鸣点与兴奋处，便能引起民间的有效共鸣。

2.3.2 民间传递载体

社会主义核心价值观民间共鸣效应的实现需要加强社会主义核心价值观的民间传递载体建设。这就如同两个音叉的共振需要由空气作为载体来传递能量一般，社会主义核心价值观也需要通过一定的介质作为载体才能向民间传递，将其输入到普通民众之中，实现从理论形态向实践形态的转化。这就需要积极探索社会主义核心价值观的民间传递载体。例如，近来，在我国民间出现了"最美教师""最美爸爸""最美司机"等一大批"最美人物"，他们是民间平凡人物践行社会主义核心价值观的典范，虽然他们都是来自民间的"小人物"，但他们用自己的言行生动诠释了社会主义核心价值观。这一个个"最美人物"便是增强民众对于社会核心价值观认同十分有效的民间载体，由于其来自民间，又更易被周边的民众所认同、所模仿。只有积极融入民间元素，充分发挥和挖掘民间这些有效载体，社会主义核心价值观才能更为有效地向民间传递，进而产生更大的共鸣效应。

2.3.3　民间共鸣场

社会主义核心价值观在一定的共鸣场下，才能更好地引起民众的有效共鸣。例如，在革命博物馆或烈士纪念馆，通过现场丰富的图片资料与实物遗址，能给广大群众带来更为强烈的视听觉冲击，更能从心理与情感上引发人们的爱国主义共鸣，也能更好地激励大家为建设富强、民主、文明、和谐的社会主义国家而不懈奋斗。再如，在社会主义核心价值观主题文艺活动中，现场热烈的气氛与雷鸣般的掌声也有助于更好地激发民众的情感共鸣。总之，创设好的民间共鸣场，更好地利用周边的场景、声响等，能更好地将民众带入事件"现场"，激起他们的共鸣。

2.3.4　民间共鸣反馈

社会主义核心价值观民间共鸣的实现并非总能简单地一蹴而就，往往需要根据反馈回来的信息，反复纠偏，再不断尝试。要积极地深入民间，去了解和评估社会主义核心价值观是否找到了民间的共鸣点，以及共鸣效果如何。如果未有效引起共鸣，还需具体分析造成障碍或隔阂的原因所在，看看是因文化程度、文化背景等影响造成的难以理解或无意误解，或是由于特定利益诉求而造成的有意曲解，还是受民众固有的意见、经验及态度等其他因素的影响，这些都需要对反馈回的信息进行细致分析。同时，还要在对反馈信息分析的基础上寻找相应的控制策略。例如，如果与民众原有的意见、经验方面存在一些冲突，则可以通过先传递符合其原有经验并乐于接受的价值观念，搭建起相互沟通的连接点，这样有助更好地消解防范心理，产生一种"自己人"的效应，在拉近与民众的距离后，再逐渐增加和渗透社会主义核心价值观教育。总之，社会主义核心价值观要引起民间有效共鸣，需要耐心与坚持，及时根据反馈回来的信息进行优化与调整，使民间能与之同频共鸣，最终实现"落地生根"。

2.4　社会主义核心价值观民间共鸣的生成机理与学科视角

2.4.1　生成机理

对于社会主义核心价值观的民间共鸣，可以从推动论、需要论，以及实践论的视角对其生成机理进行解读，以更好地回答社会主义核心价值观民间共鸣如何生成这一问题。

（1）推动论。社会主义核心价值观的民间共鸣离不开"顶层设计"和"顶层推动"。从24字社会主义核心价值观的提炼，到《关于培育和践行社会主义核心价值观的意见》中提出要"找准与人们思想的共鸣点"，再到习近平总书记关于社会主义核心价值观的一系列重要论述，都可以看到党和政府在这方面的"自上而下"的"顶层推动"作用和所付出的巨大努力。同时，高层和政府机构通过协调和发动其所掌握的报刊、电视台以及通讯社等宣传媒介，进行广泛宣传和引导教育，可以将社会主义核心价值观更好地输入到普通民众之中，提高他们对社会主义核心价值观的认知度和认同度，从而有效增进了社会共识，激起了广泛的社会共鸣。

在"顶层推动"之外，社会主义核心价值观的民间共鸣也离不开"自下而上"的民间力量的积极参与和推动。民众不仅是社会主义核心价值观最广泛的接受者，同时也是社会主义核心价值观的宣传者、推动者与实践者。特别是随着互联网的发展和普及，微博、微信、QQ等形成的民间舆论场逐渐成为民众意见的汇聚地和社会舆论的放大器。通过网络宣传方式方法创新，打造"红色大V"、设立民间道德模范事迹网络发布厅等，能使这些草根力量与"平民舞台"成为传播、实践和弘扬社会主义核心价值观的有效载体，也能有效打通社会主义核心价值观民间传递的通道，使社会主义核心价值观更好在人民群众中彰显出亲和力与影响力。民间组织通过将社会主义核心价值观的培育融入其提供的养老、社区建设、医疗保障等服务之中，能有效增强社会主义核心价值观的民间渗透力，使民众在享受其提供的多样化的服务的同时，也让社会主义核心价值观更好地走进他们的内心深处。

（2）需要论。社会主义核心价值观作为人民群众共同需要的最大公约数，反映了民众共同的价值需求与利益诉求，是先进政党的自觉倡导与民众共同价值期盼的有机结合，在民间形成了浓厚的氛围，引起了广泛的共鸣。

首先，社会主义核心价值观反映了人民群众在物质生活上对国强民富的期盼和要求，也代表着民众对建成社会主义、实现共产主义的向往和追求。近代以来，中华民族遭受列强侵略与欺侮的屈辱史，更加激发了中国人民对国强民富的热切渴望与不懈追求；古往今来，无数仁人志士为了国家的繁荣富强和人民的幸福生活不惜抛头颅洒热血。社会主义核心价值观反映了中华儿女追求国强民富的百年夙愿，契合民众对美好生活的良好期盼，是民众共同利益与愿望的集中体现，因而能在民间引起广泛共鸣，赢得民众的普遍认同。

其次，社会主义核心价值观不仅反映了人民群众物质上的需要，还体现了人民群众对"精神富足"的追求及构建美好崇高的精神家园的需要。人不只寻求感官需要的满足，还需要道德上的坚守，需要自身精神价值的展现与精神家园的慰藉。物质生活富足而精神生活贫困，并不能使一个人真正感到幸福，只有物质上和精神上实现"双富有"，才会真正引起强烈的幸福感。习近平总书记说："核心价值观，承载着一个民族、一个国家的精神追求，体现着一个社会评判是非曲直的价值标准。"[1]24 字社会主义核心价值观是民众最普遍价值需求的反映，代表了人民群众精神需求中的关键要素和全社会共同的精神坐标，可以有效激发和放大民众内心深处的向善之心，引导民众进行崇高的精神追求，增强他们的精神力量，丰富他们的精神世界。

最后，社会主义核心价值观深植于中华优秀传统文化的沃土之中，符合

---

[1]　习近平 . 青年要自觉践行社会主义核心价值观［N］. 人民日报，2014-05-05（02）.

中华儿女内心深处的文化心理需要。中国传统文化向来崇尚"和睦""和谐"，讲求"以和为贵"，也赋予了中华儿女爱国、爱家，重信守诺，以及崇尚正义等道德品质，这些价值理念深藏于中华儿女的内心之中，并在潜移默化中影响着每个人的言行。24 字社会主义核心价值观"传承着中国优秀传统文化的基因，寄托着近代以来中国人民上下求索、历经千辛万苦确立的理想和信念"❶，其一经提出，便有助于唤醒埋藏于民众内心的价值共识，极大地激发人民群众的归属感与认同感，从而引发广泛共鸣。

（3）实践论。价值观作为一种社会意识，是在一定社会存在的基础上产生的。每个时代的价值观都有其生成的实践土壤，社会主义核心价值观的形成与发展离不开中国特色社会主义的伟大实践。社会主义核心价值观并非空中楼阁，是与我们这个民族正在进行的改革创新实践和人民群众的不懈奋斗紧密联系一起的，是人民群众普遍认同的价值准则。而社会主义核心价值观也只有接地气，积极寻找与民众生活实践的有效对接，才易于被民众所理解、所接受，人们才能感受到其与自身的休戚相关。

社会主义核心价值观能够引起民间有效共鸣，不仅是因为其源于实践，与中国人民正在进行的创造实践密切结合，还在于其能够指导实践，是对实践中的价值挑战与亟须解决的时代问题的积极回应。在社会转型和价值多元化背景下，不少人片面追求物质享受，出现了理想信念缺失、道德底线丧失，以及价值取向扭曲等问题，社会主义核心价值观建设的紧迫性问题在当前更为凸显。社会主义核心价值观是民众应该做到而且能够做到的实实在在的价值规范和道德准则，具有明确的导向性和很强的实践性。面对当今世界各种价值观激烈交锋的新态势，社会主义核心价值观的及时提出，从国家、社会、个人三个层面，为民众的思想与行为提供了具体的价值导向，能有效凝聚社会共识，促进社会认同。社会主义核心价值观也只有积极回应民众实践中面临的问题与挑战，切中群众的关注点，解答民众价值观上存在的迷茫与困惑，

---

❶　习近平.青年要自觉践行社会主义核心价值观［N］.人民日报，2014-05-05（02）.

才能更具吸引力，才会赢得民间的积极响应。

2.4.2　马克思主义理论及其中国化的理论成果

（1）马克思主义深刻地揭示了自然界、人类社会和人类思维发展的本质规律，也对价值本质与价值规律问题做了科学阐述，为社会主义核心价值观及其民间共鸣问题的研究奠定了科学的理论基础。

马克思主义为人们提供了未来社会的价值目标和价值理想，就是要实现人类解放，追求人的全面而自由的发展。马克思主义的价值目标和价值理想是对人类社会发展规律的科学认识，是号召人们进行崇高价值追求的精神旗帜。同时，马克思认为，"人的本质不是单个人所固有的抽象物"❶。其对于人的本质"在其现实性上，是一切社会关系的总和"❷的揭示，为社会主义核心价值观的形成与建设奠定了很好的理论基础。人的价值创造活动离不开社会，受到社会关系的制约，其所创造的价值需要获得社会的承认才能显现出来。马克思主义的价值理论和价值关怀，有助于引导民众形成科学的价值判断与价值选择，能告诉人们应该要做一个什么样的人，人应当怎样生活才有价值。马克思主义的真理观与价值观是有机统一的，在当前中国，培育和践行社会主义核心价值观，正是坚持了马克思主义的立场、观点和方法，使社会主义核心价值观的真理性光辉熠熠闪耀，产生了巨大的现实影响力，对错综复杂的思想潮流表现出了巨大的引领与整合力量，使民众能更好地避免在价值多样化的时代迷失价值方向，认清什么样的价值观才是社会主义国家需要的主流价值观，使其在引领方向、形成共识和凝心聚力中发挥出了巨大的力量，也有助于其更好地赢得民众的认同，引发广泛共鸣。

马克思主义理论是民众看清本质、正确理解社会主义核心价值观的强大思想武器。只有坚持马克思主义的立场、观点和方法，才能更好地维护社会主义核心价值观的根本性质和发展方向，才能更好地避免落入西方设置的理

---

❶　马克思，恩格斯 . 马克思恩格斯选集（第 1 卷）［M］. 北京：人民出版社，1995：56.
❷　同上。

论陷阱，沦为资本主义意识形态的附庸。

当今西方国家以所谓的民主、自由、平等为借口，向其他国家强行推行其价值观念。他们将资产阶级的民主、自由、平等宣扬为人类共同追求的价值观，是四海皆准的"普世价值"，大肆进行价值观输出。而在实质上，他们所鼓吹的这些价值观，则与贵族统治时期和资产阶级时期的利益紧密关联。马克思主义经典作家对于这些为资产阶级服务的资产阶级个人的民主、自由和平等，做过不少批判和揭露。例如，马克思、恩格斯在《共产党宣言》中深刻揭示了资产阶级所谓的自由，"在资产阶级社会里，资本具有独立性和个性，而活动着的个人却没有独立性和个性"，"在现今的资产阶级生产关系的范围内，所谓自由就是贸易自由，买卖自由"。❶资本主义的本性是自由的无休止的追求利润的最大化，其本质决定了其所谓的自由只不过是资产阶级个人物质利益的理论表现，共产主义所要推毁的正是这种资产阶级自由，正如《共产党宣言》所述："而资产阶级却把消灭这种关系说成是消灭个性和自由！它说对了。的确，正是要消灭资产者的个性、独立性和自由。"❷马克思、恩格斯在《共产党宣言》中深刻揭示资产阶级自由的同时，还描绘了未来根据共产主义的原则组织起来的社会，在那个社会里，其成员将能够全面地发挥他们各方面的才能，"代替那存在着阶级和阶级对立的资产阶级旧社会的，将是这样一个联合体，在那里，每个人的自由发展是一切人自由发展的条件"❸，只有在未来的共产主义社会里，才能使人人成为可以充分发挥个性特长的自由个体，人的全面发展才会在真正的意义上实现。人的全面自由发展在真正的意义上实现需要一个相当长的历史时期，但没有起点就没有终点，我国社会主义制度的建立实现了社会关系的根本变革，为人的全面自由发展开辟了无限广阔的前景，因此，社会主义初级阶段便是我们追求人的全面自由发展的一个全新的起点。

---

❶　中共中央马恩列斯著作编译局马列部，等.马克思主义经典著作选读［M］.北京：人民出版社，1999：49.

❷　同上。

❸　马克思，恩格斯.马克思恩格斯全集（第39卷）［M］.北京：人民出版社，1974：189.

只有坚持以马克思主义为思想武器，才能更好地避免被西方标榜的民主、自由和平等这类观念所迷惑，才能更好地让民众认清本质，让民众懂得社会主义核心价值观中所倡导的民主、自由和平等不是抽象的，有助于人们准确把握和真正领会我国所倡导的社会主义核心价值观所具有的中国气质、深刻内涵与实践要求，我们所倡导的是我国的社会主义制度、历史文化传统和经济社会发展条件下的民主、自由和平等，凝结着社会主义先进文化的精髓。这样才能使民众在经过鉴别和判断之后能真正理解和认同社会主义核心价值观，能不断增强民众对于社会主义核心价值观的认知和领会程度，提升民众对于当代中国价值的自信。

（2）马克思主义中国化的理论成果。马克思主义中国化的理论成果凝聚着几代中国共产党人领导我国人民坚持将马克思主义基本原理与中国具体实际相结合的心血及智慧。其中的许多重要思想和观点，对于开展社会主义核心价值观民间共鸣研究有着极大指导与启示意义。例如，毛泽东十分重视理论联系实际，其在《实践论》中指出，"认识从实践始，经过实践得到了理论的认识，还须再回到实践去"，"认识的能动作用，不但表现于从感性的认识到理性的认识之能动的飞跃，更重要的还须表现于从理性的认识到革命的实践这一个飞跃"。❶对于培育和践行社会主义核心价值观，也需重在实践，需要积极回应民众关心的价值问题，将其融入民众的生产与生活，使其在民众中生根、发芽。同时，在毛泽东的内心有着十分浓郁的"群众情结"，群众路线是毛泽东思想的三个活的灵魂之一，群众路线一方面强调党的正确主张是从群众中来的，是反映群众需求和契合群众实际的；另一方面也强调这些正确的主张要回到群众中去，成为群众的行动指南与自觉追求。同理，党的十八大报告，用 24 个字，对社会主义核心价值观的基本内容进行了提炼与概括，其准确反映了广大人民群众的客观需要，契合我国人民的价值期盼。而另一方面，其也只有回到民众之中，能在民众中引发有效共鸣，成为民众的

---

❶　毛泽东 . 毛泽东选集（第 1 卷）[M]．北京：人民出版社，1991：292.

自觉的价值遵循，才能获得生命力和影响力，在中华民族伟大复兴的征程中才能真正发挥出巨大的价值引领作用。而如何知道社会主义核心价值观是否在民间引起了有效共鸣？民众是否真正接受并将其作为自己的行为标准？对此，毛泽东指出："群众是否已经了解并且是否愿意行动起来，要到群众中去考察才会知道。"❶同样，社会主义核心价值观是否能在民间产生共鸣，共鸣效应如何以及影响因素是什么，这些都需要深入群众开展调查研究，需要建立相应的反馈机制。

对于社会主义核心价值观所倡导的相关内容，我国领导人有过许多重要观点与论述，对于社会主义核心价值观民间共鸣研究的开展，具有重要的指导与启示意义。毛泽东用朴素易懂的话语强调了友善的重要性。他十分重视同志间的团结与友情，不仅要求团结与自身意见相同的同志，还要求与自身意见不同的同志搞好团结工作。他高度赞扬了白求恩"对同志对人民的极端的热忱"之举，而对另一类"对同志对人民不是满腔热忱，而是冷冷清清，漠不关心，麻木不仁"的人进行了批判。❷邓小平对民主有过精辟的论述，他说："没有民主就没有社会主义，就没有社会主义的现代化。"❸这句广为人知的论断，大大加深了民众对社会主义民主及其与社会主义现代化的理解。以胡锦涛同志为总书记的党中央大力倡导构建社会主义和谐社会，使和谐理念更加深入民心，家喻户晓。习近平总书记高度重视社会主义核心价值观建设，有许多重要观点和讲话对社会主义核心价值观民间共鸣研究有着直接的指导作用。例如，他对社会主义核心价值观与民众日常的生产生活的有效对接问题十分重视，他强调："要注意把我们所提倡的与人们日常生活紧密联系起来，在落细、落小、落实上下功夫。"❹的确，社会主义核心价值观需要从民众日常的生产生活的点滴中去总结和寻找社会主义核心价值观落地生根的土壤。总之，我国领导人根据中国实际，所做的这些有关社会主义核心价值观方面

---

❶ 毛泽东.毛泽东选集（第3卷）[M].北京：人民出版社，1991：1095.
❷ 毛泽东.毛泽东选集（第2卷）[M].北京：人民出版社，1991：660.
❸ 邓小平.邓小平文选（第2卷）[M].北京：人民出版社，1994：168.
❹ 习近平.习近平谈治国理政[M].北京：外交出版社，2014：165.

的论述，以其独特的理论魅力和通俗易懂的表达，大大提升了社会主义核心价值观的民间知晓度和影响力，是开展社会主义核心价值观民间共鸣的指导思想和宝贵资源。

2.4.3 中国传统文化中的相关思想

中华优秀传统文化是我国传统文化历经几千年所积淀的精华，是涵养社会主义核心价值观的重要源泉，也是社会主义核心价值观能在民间生根发芽，引发广泛共鸣的坚实根基。在我国，自古以来就有很多价值问题的思想及相关讨论。"'天人'之辩、'义利'之辩、'理欲'之辩、'体用'之辩、'本末'之辩、'性习'之辩、'力命'之辩等，这些关于不同价值形式、价值标准、价值行为的争论，成为长期争论的主要问题。"[1]其中，有很多与社会主义核心价值观是直接相关的。中华民族通过几千年的发展，形成了以爱国主义为核心的民族精神。从"先天下之忧而忧，后天下之乐而乐"的范仲淹，到"精忠报国"的岳飞，再到"天下兴亡，匹夫有责"的顾炎武，他们身上所展现的爱国热情、强烈的责任感和使命感，被我国人民所高度认同，他们的事迹也广为传诵。这种爱国精神绵延至今，是中华民族战胜重重艰难险阻，依然能以昂扬的姿态屹立于世界民族之林的坚强精神支柱。同时，中华传统文化尚和合、讲诚信、重友善，主张"以和为贵"，倡导"与人为善"，看重"一诺千金"。爱国、和谐、诚信等社会主义核心价值观的基本内容，积淀着中华民族几千年来的价值追求，已潜移默化地渗透到民众日常社会生活的各个方面，至今流淌在中华儿女的血液中，对我国民众的思想与行为产生了巨大的影响，是永远抹不去的文化记忆。在当今时代，在特定的情形、条件下，可以被不断唤起，引发民众的广泛共鸣。

也正因社会主义核心价值观根植于中华优秀传统文化的深厚土壤，才能更好地、充分地吸收传统文化的丰富养分，契合民众的历史文化心理，

---

[1] 李德顺 . 价值论［M］. 北京：中国人民大学出版社，2007：13-14.

从而能更好地赢得民众的认可，也能更好地在民众内心生根、发芽。社会主义核心价值观如果离开了这一丰厚土壤，就会失去自己赖以生长和展现蓬勃生机的沃土，也就会失去凝聚人心和促进民族复兴的坚实文化基础。

　　我国传统文化有很丰富的接地气的文化资源，能为实现社会主义核心价值观在民间的共鸣提供有效载体。如天台山的和合文化，其是中华优秀传统文化的精髓之一，习近平总书记在《之江新语》中这样写道："我们的祖先曾创造了无与伦比的文化，而和合文化正是这其中的精髓之一。"❶"和合"中的"和"本身便有社会主义核心价值观所倡导的和谐之意，"和合"，强调身心兼修，讲求在矛盾和冲突的协调与处理中达到和谐，与社会主义核心价值观所倡导的人与人、人与社会、人与自然之间的和谐要求相契合。天台山的和合文化可谓历史悠久，其对浙江台州的文化发展产生了很大的影响，加上当地政府大力倡导，全力打造和合圣地，并通过建和合公园与和合书吧，编写《和合文化与党性修养》《解读和合文化》读本等，大力宣扬和合文化，使天台山的和合文化在台州大地上广为传播，和合理念深入人心。这样通过充分利用和大力挖掘中华优秀传统文化中的接地气的文化资源，把握好其与社会主义核心价值观建设的契合点，并加以大力宣传和弘扬，能有效促进社会主义核心价值观的本土化建设，推进社会主义核心价值观的民间共鸣。

　　要深入挖掘中国优秀传统文化，使广大民众在享受中国的音乐、舞蹈、绘画的精妙，体验京剧与书法之美，感受中国文化魅力的同时，加深他们对其中蕴含着的中国文化的内涵与当代中国倡导的价值理念的认知与认同。中国的诗词歌赋、谚语、箴言等都是很好的载体。例如，习近平总书记在国际舞台的讲话中通过使用"云帆高张，昼夜星驰""美美与共，天下大同"以及"路遥知马力，日久见人心"等这些极具中国特色的经典话语，使人们在感受

---

❶　何善蒙. 和合：从理念到信仰再到文化价值［N］. 中国社会科学报，2018-05-22.

中国汉字博大精深的同时，也更好地了解和体会中国故事、中国主张和中国的善意。

此外，我国古人的一些传统教育方法也对社会主义核心价值观民间共鸣有着很大的借鉴与启示意义。例如，古人十分注重以情感人。白居易在《与元九书》中写道："感人心者　莫先乎情。"其中，既重视人的内心的情感体验，讲求"将心比心"，倡导推己及人；也重视以外在"礼""乐"等来培育人的情感。社会主义核心价值观要引发民众共鸣，也须要注重民众丰富的情感所在，深入了解他们的生活和经历，用心体会他们的行为和习惯，重视以情动情，以此来拨动他们的心弦，才能更好地引发共鸣。再如，在中国传统道德教育方法中，十分重视道德践行，要求人们要言行一致、知行并进。同时，劝诫人们不要说得多而做得少，"君子耻其言而过其行"❶，认为自顾说大话或是说空话而付诸实施得少，或者根本没去做，那是可耻的。荀子说："知之而不行，虽敦必困。"❷一个人即使懂得许多道理，却"知"而不会用，不能变成行动，虽然知识很丰厚，但也必将会遇到困厄。墨子同样认为道德实践比学识更为根本，他说："士虽有学，而行为本焉。"❸古人的这些观点有助于教导人们在培育和弘扬社会核心价值观民间共鸣如何更好地知行结合。对于社会主义核心价值观，不能够只满足于是否知道或已经懂了，而且要付诸行动，自觉践行，如果对于社会主义核心价值观，"知之而不行"，最后的结果就是荀子说的"虽敦必困"。而这些与习近平总书记强调的培育和践行社会主义核心价值观要"贵在坚持知行合一""坚持行胜于言"的主张高度契合。❹的确，社会主义核心价值观只有在千千万万民众的实践中有了体现，融入到了民众实际的生产生活中，转化为民众的自觉追求与社会实践，才算是真正地实现了到民间的落地生根。

---

❶　见《论语·宪问》。
❷　见《荀子·儒效》。
❸　见《墨子·修身》。
❹　习近平.当好全国改革开放排头兵 不断提高城市核心竞争力［N］.光明日报，2014-05-25.

2.4.4 社会主义核心价值观民间共鸣的国内外其他相关学科

2.4.4.1 社会主义核心价值观民间共鸣的哲思

对于社会主义核心价值观的民间共鸣，从哲学的视角进行审视，有助于更好地揭示其内在本质，对其进行更为深透地理解，是探求社会主义核心价值观民间共鸣规律的一把"金钥匙"。

从哲学视角来看，"价值"是一个描述特定客体属性对于主体需要满足的意义关系的范畴。"世界不会满足人，人决心以自己的行动来改变世界"❶，而人改变世界的活动则需是合目的性与合规律性相统一的。人既要遵从世界的本来面目，以此出发去认识世界和改变世界，探求和追寻真理。同时，在人的这一认识和改变世界的行动中，主体又会遵从以满足需要为内容的价值尺度，依照自身内在的需要去认识与改变世界，选择符合本身目的和需要的价值目标，进行价值创造和实现活动。人总是在特定需要的推动下行动起来进行认识和改变世界的活动，不断将外在的客观事物转化为自身的活动对象，使之成为自身的价值客体，价值关系也就在主客体间的这种相互作用中生成了。价值观正是产生于人们对于主体需要与客体属性间的关系的理解与把握中，是对主客体间相互作用中生成的价值关系的反映。利益则是主客体间各种价值关系综合作用结果的反映，从一定意义上看，价值关系本质上就是利益关系，作为主体的人需要的内容及满足便是利益。人正是在意识到了需要和利益的基础上，对价值关系进行认识和把握，做出评判和反思，并且逐渐地形成了关于各种价值的看法和观点，然后逐渐地定型为一定的价值观。

因而，人们的价值观的形成与发展总是会受到一定的需要与利益的制约的。价值观是在一定的需要和利益的推动下逐渐生成的，如果人们的利益与需要不同，往往会站在不同的立场、从不同的视角、依据不同的原则对客观事物及其属性进行评价，最后形成的价值观也会千差万别。哲学对于需要、

---

❶ 列宁. 列宁全集（第55卷）[M]. 北京：人民出版社，1990：183.

价值、价值关系和价值观之间关系的深入揭示，为社会主义核心价值观民间共鸣研究提供了一种新的分析视角与思想智慧。社会主义核心价值观要引发民间的有效共鸣，必须要关注民众的需要与利益。马克思说："'思想'一旦离开'利益'，就一定会使自己出丑。"❶列宁则指出："几何公理要是触犯了人们的利益，也是要遭到反对的。"❷同样，如果社会主义核心价值观一旦脱离了民众的需要与利益，就必然难以引发民众的有效共鸣，便会失去生命力。因而，早在 2013 年 12 月中共中央办公厅印发的《关于培育和践行社会主义核心价值观的意见》中，便明确提出要找准"与群众利益的交汇点"❸，这既高度体现了对于社会主义核心价值观与群众需要及利益关系的深刻认识，也更进一步明确和肯定了社会主义核心价值观积极寻找与群众利益的结合点，触发民众广泛共鸣的巨大意义。

马克思主义的认识论和实践论，深刻揭示了物质与精神之间的相互转化的辩证关系，能为社会主义核心价值观民间共鸣研究提供学理依据，也能更好地展示社会主义核心价值观民间共鸣的意义。马克思主义实践观认为实践是认识的源泉，社会主义核心价值观是我国人民在党的领导下，在社会主义革命和建设的长期实践中，不断地总结、提炼和升华，逐渐形成的具有中国特色的理论，是我国人民在党的领导下进行伟大的革命、建设和改革的实践经验在价值观念上的反映。同时，马克思主义实践观认为，认识对实践具有巨大的反作用，要求理论要回到实践，指导实践，促进实践的发展。马克思说："理论一经掌握群众，也会变成物质力量。"❹毛泽东则同样强调说："代表先进阶级的正确思想，一旦被群众掌握，就会变成改造社会、改造世界的物质力量。"❺同样，社会主义核心价值观作为体现我国主流意识形态的思

---

❶　马克思，恩格斯 . 马克思恩格斯全集（第 2 卷）［M］. 北京：人民出版社，1957：103.

❷　列宁 . 列宁选集（第 2 卷）［M］. 北京：人民出版社，1995：1.

❸　中共中央办公厅印发《关于培育和践行社会主义核心价值观的意见》［N］. 人民日报，2013-12-24.

❹　马克思，恩格斯 . 马克思恩格斯选集（第 1 卷）［M］. 北京：人民出版社，1995：9.

❺　毛泽东 . 毛泽东文集（第 8 卷）［M］. 北京：人民出版社，1999：320.

想体系，凝聚着我国人民共同的利益诉求和价值期盼，对我国决胜全面建成小康社会和实现中华民族伟大复兴起着巨大的促进作用。因而，要通过把握社会主义核心价值观民间共鸣的规律，创新社会主义核心价值观民间共鸣载体，拓展社会主义核心价值观民间传递渠道，建构社会主义核心价值观民间共鸣的有效机制，努力使社会主义核心价值观通过老百姓乐于接受、简洁易懂的语言方式，转化为人民群众的价值共识，促进社会主义核心价值观从思想体系转变成为民间的价值常识，使之能更好地被人们所自觉的遵循与践行，成为广大人民群众开展社会实践与改革创新的价值指导。也只有这样，社会主义核心价值观的作用才能够真正得以充分地发挥出来，实现从理论形态到实践形态的转化，在民众的社会实践中充分发挥驱动、导向与激励等方面的作用，能为我国民众在当前中国社会转型期中面临的多元价值冲突给予科学的价值引导和判断，从而能为中国特色社会主义的伟大实践提供价值支撑。

2.4.4.2　社会主义核心价值观民间共鸣的社会学视角

站在社会学的现代化理论视角看，在社会的现代化过程中，既是在物的层面的现代化，也同时包含着人的现代化。对此，法国现代规划的制定者让·莫内有一句名言："现代化的关键是化人，或者说现代化要先化人后化物。"人力资本理论也认为，物质资本和人力资本的投资都是生产性的投资，两者都是经济增长不可或缺的动力，但与物的投资相比，人的投资更为重要。可以说，现代化的实现与否最终还是取决人的现代化的实现。人的现代化是社会现代化的最终目标，同时也是社会现代化的关键所在。"人的发展是社会现代化的主旋律，人的现代化在社会发展中具有战略价值。"❶可以说，对于社会现代化来说，其最终是否能实现最终还要取决于人的现代化的实现状况，人的现代化在其中处于核心的位置。而人的现代化，不仅仅只是知识、技能方面的现代化，更为重要的是要实现人的价值观念与思维方式的现代转变。

---

❶ 叶南客.中国人的现代化［M］.南京：南京出版社，1998：10.

"在很大程度上，人的现代化就是价值观念从传统到现代的转变。"❶美国著名社会学家英格尔斯从"人格现代化"的角度，把现代化看作是一种心理态度和价值观的改造过程。其认为片面的重视和追求物的层面的现代化，忽视了人及人的价值观念的现代化，是畸形的、被扭曲的、不完整的现代化。诚如美国学者丹尼尔·贝尔（Daniel Bell）曾经指出的那样："思想和文化风格并不改变历史——至少不会在一夜之间改变历史。但是它们是变革的必然序幕，因为意识上的变革——价值观和道德伦理上的变革——会推动人们去改变他们的社会安排和体制。"❷

当前，我国正处于决胜全面建成小康社会和开启全面建设社会主义现代化国家新征程的伟大时期。而要在 2035 年，在全面建成小康社会的基础上基本实现社会主义现代化，以及要在 2050 年把我国建成富强、民主、文明、和谐、美丽的社会主义现代化强国，这两步走要实现的两个现代化目标，不仅需要经济增长、科技进步以及生产、生活环境的改善等物的层面的现代化来实现，还需要促进人的现代化，需要心理态度和价值观念层面的支撑。社会主义核心价值观是对当代中国社会现代化进程的准确把握，契合了我国民众对建设社会主义现代化国家的美好的价值期盼，能对我国的社会主义现代化建设目标进行合理的价值诠释，并能规范社会主义现代化进程，为避免在现代化进程中出现的不和谐、不公正、不文明等问题提供价值方向。社会主义现代化，需要社会主义核心价值观的民间化，使民众在参与和推进社会主义现代化进程中自觉遵循合理的价值标准，能对未来社会发展进程和发展中的问题做出科学的价值判断，使民众在社会主义核心价值观引领下有序推进社会主义现代化目标的实现。通过扩大社会主义核心价值观在民间的影响力与渗透力，让民众在当前价值多元化背景下能进行正确的分析与判断，引导他们对自身不合理的价值意识进行调试和纠偏，以更好地使民众从价值观上向"现代人"转化，使其在价值层面真正成为与我国现代化建设要求相适应的合

---

❶　郑永廷 . 人的现代化理论与实践［M］. 北京：人民出版社，2006：251.
❷　刘志明 . 论大学生价值观念的现代化［J］. 思想教育研究，2001（3）：31.

格主体，这对于推进我国社会主义现代化进程和实现中华民族的伟大复兴具有十分重要的价值意义。

从社会风习理论视角看，一个社会在一定时期的社会风习，是该社会当时多数人群的共同行为方式，是该社会多数群体精神生活特征的展现。而其实质则是该社会主流价值观的外化，体现于该社会多数人群的流行性行为之中。"社会风习涉及方方面面，但其本质确是社会价值观。"❶ 可以说，促进社会主义核心价值观的民间共鸣，使社会主义核心价值观成为民众的道德遵循与自觉追求，固化为民众的行为习惯和行为方式，体现在民众的日常生产、生活中，这个过程同时也是以社会主义核心价值观为核心的、当前我国所大力号召与倡导的良好社会风习的形成过程，两者是一致的。同时，良好的社会风习能引导人、熏陶人，能使民众在不知不觉中受其影响，接受其蕴涵的价值理念。所以，培育良好社会风习是社会主义核心价值观民间共鸣的一个有效实践路径，通过政策导向、舆论约束、榜样示范等路径，培育良好社会风习，无疑有助于扩大社会主义核心价值观的民间影响力与号召力，使之更好地转化为多数民众的群体意识和共同行动，从中可见社会风习理论相关研究成果对于实现社会主义核心价值观民间共鸣所具有的巨大借鉴意义。

从社会学关于社会转型与社会整合的相关研究视角看，当前中国社会正处于从传统向现代过渡的转型期，现代社会相较于传统社会来说，社会角色更为分化与多样，社会分工更加复杂，因而更具异质性。面对当前社会转型期我国社会利益群体分化的加剧、社会价值观的多元化，促进社会主义核心价值观的民间共鸣，以此凝聚民心，提升我国社会的整合力，能更好地避免出现转型期利益整合的思想基础和强度出现弱化的问题，能有助于我国社会更加协调有序的发展。实现社会主义核心价值观在民间的有效共鸣，充分发挥社会主义核心价值观在民间的价值导向、价值引领与价值整合作用，能更

---

❶ 九江学院社会系统学研究中心.中国社会风习的百年变迁［M］.北京：清华大学出版社，2016：11.

好地应对转型期我国社会结构的剧烈变迁，避免在社会转型期传统社会整合力量和控制力量弱化，而新的社会整合基础尚不稳固的情况下，一些新生的、异质的，以及复杂的民间社会要素缺乏有效引导，而出现无序与失范状态。因此，在当前社会转型背景下，面对价值多元化和社会整合难度加大，加强社会主义核心价值观的民间共鸣研究，不断提升社会整合力，以促进社会和谐，在当前显得极为紧迫。

社会学其他方面的研究成果也能为社会主义核心价值观民间共鸣研究提供有力的理论借鉴。例如，从社会化的角度看，社会主义核心价值观民间共鸣的实现过程，也是我国民众积极适应社会，学习、体会和内化当今中国社会主流价值所要求的价值准则、价值规范和价值期盼的过程，是我国民众在当代中国社会主流价值观的倡导和影响下，逐渐向社会人转变的过程。从社会学的视角看，社会主义核心价值观民间共鸣的实现，需要民众个体与社会的互动，需要民众在实践中体验社会主义核心价值观，在具体的社会环境中触发共鸣；反之，如果一个人脱离了当代中国的社会实践活动，对中国特色社会主义的伟大实践缺乏了解和接触，便难以获得对于社会主义核心价值观情感上的共鸣。

总之，人总是生活于一定社会中的，社会学的相关理论对于社会主义核心价值观民间共鸣的实现具有极大的价值意义。

2.4.4.3　社会主义核心价值观民间共鸣的传播学分析

基于"把关人"和"意见领袖"等传播"中间站"的分析。德裔美国心理学家库尔特·勒温（Kurt Lewin）将其在心理学上的"场论"，以及"群体动力论"等成果运用到传播学领域，提出了"把关人"的概念。其发现，对于美国政府于第二次世界大战时倡导国民食用动物内脏这一传播行为，家庭主妇起着"把关人"作用，如果她不接受这一主张，那么她的家人也就失去食用的可能。库尔特·勒温认为，信息的传播需要经由含有"门区"的某些渠道进行流动，这时，信息或商品要进入渠道将会受到"把关人"意见的筛选。拉扎斯菲尔德则提出了"二级传播论"，并在之后进一步发展为"多级传播论"。其认为传媒对于受众的信息作用并非是直接有效的，信息往往是在"意见领袖"的中介下，并加上"意见领袖"的解释与看法后，流向不大活跃的多数人群，并能左右他们的态度倾向。例如，我国的一位人大代表在其经历中提到，在 2013 年大学毕业后她便回乡当了村干部，当她得知有不法商贩向乡亲们销售假冒伪劣的化肥，让大家遭受了损失时，便很想帮帮大家。于是她直接跑到厂家批发回了化肥，低价卖给村民。但村民们反而不领情了，认为便宜没好货，犹豫是不是正品。后来她通过找村里有威望、有辈分的村民，采用赊销的方式，让大家先试用，承诺有问题会加倍赔偿时，才最终加以化解。在这里，有威望、辈分的村民就充当了"把关人"和"意见领袖"的角色，在村民看来，相较于她这样的年轻村干部更易引发村民的抵触情绪而言，有威望、辈分的村民作为没有特定目的的信息源，他们传递的信息，以及他们附加的解释更易被接受。这对于社会主义核心价值观民间共鸣的研究有着巨大启示，社会主义核心价值观要想被民众所接受，必须要重视传递过程中的"中间站"建设，社会主义核心价值观的民间传递过程是复杂的，需要重视和培育民间"意见领袖"，让他们积极参与到社会主义核心价值观的培育和宣传中来，通过他们附加的易于被民众接受的阐述，能使社会主义核心价值观更易于被民众所接受，从而能更好地到民间落地生根。同时，社会主义核心价值观民间共鸣的研究还需借鉴传播学的"把关人"的研究成果，既要重视社会主义核心价值观民间传递过程中的关键环节的特殊人群的作用，又要重视和做好对于干扰社会主义核心价值观民间共鸣的杂音"把关"。

基于培养理论的分析。传播学十分重视传播的信息对受众的认知、心理、心态以及行为上所产生的影响。其中，从传播效果理论看，传播媒介具有价值的倾向性，传播信息作用于受众的观念或价值体系，会引起受众的情感、态度以及价值观念方面的变化。美国传播学者 G. 格伯纳等人创建了"培养理论"，提出了"主流效果"，认为传播行为的"培养效果"主要体现为促进当代社会的"主流形成"。之后，G. 格伯纳等人又对"培养理论"作了修补，提出了"主流说"和"共鸣说"。从"主流说"来看，民众在传播媒介长时间潜移默化的影响下，其价值观会具有趋向社会"主流"的趋势。同理，在我国，要培养广大民众对以社会主义核心价值观为核心的当代中国主流价值观的认同，也必然离不开主流媒体的大力倡导，特别是大众传媒在促进当代中国主流价值观的民间共鸣中尤为重要，能在民间广泛"培养"民众对于当代中国主流价值观的共识。而"共鸣说"对于社会主义核心价值观民间共鸣的研究则更具直接的理论借鉴意义。其认为，传播行为的"培养效果"对于特定的人群会显现的更为明显。例如，弱势群体更加容易遭受到不公平待遇和歧视，因而，这一人群中的大量受众会更加倾向于接受大众传播活动中所倡导的要公平对待弱势群体这一社会问题，也更易与传媒的相关描绘与倡导产生共鸣。这就要求传播行为要注重与特定受众的经验与实际生活相结合，这样才能更好地引发共鸣。社会主义核心价值观要引发民众的有效共鸣，同样要结合特定人群的经验和实际，开展相关宣传与引导，才能更好引发他们的共鸣。传播效果理论上的"回响效果"理论也同样认为，传播行为所传递的信息及描绘的世界与受众的经验趋向一致时，便如同空谷的回音，激荡回响，会使"培养效果"显著扩大。因而，社会主义核心价值观要引发民众的广泛共鸣，也需要关注特定群体的相关经历，要贴近他们的经验与生活，才能实现最好的共鸣效果。

　　基于受众接受机制的分析。"个体差异论"者认为，由于受众的个性、地位以及经历等方面的不同，使得受众在面对媒介信息时，所产生的效果也会因人而异。认为传播行为要取得好的效果，需要在了解受众的个性、地位及需求的基础上，开展有针对性的传播活动，否则受众极易会拒绝接受。"社会类型论"者侧重研究不同社会类型的受众面对媒介信息时所产生的不同反应。其认为，在一定社会阶层中的受众，依据性别、职业、收入等可分为不同的社会类型。同一社会类型的受众在面对传媒信息时会做出大体一致的反应。"使用与满足"理论则是传播学上有过重大影响的理论，其认为，传播过程中受众会依据自己的需要与期望来选择特定的传播信息与传播媒介来进行使用，并在这一过程中使自身的需要与期望得以满足。其十分强调受众在传播活动中的"主人"地位，凸显了受众在传播活动中所具有的主动性的一面，十分重视传播活动中受众的需要和期盼。当受众面对信息时，总会依据自身需要和意愿进行选择，具有一定的指向性，当受众预测某些信息能符合其指向和需要时，其便会关注、接触和重视这类信息，希望通过了解这一信息以满足需要和期盼。从这些理论看，社会主义核心价值观要引发民众共鸣，首先必须要重视民众，尊重他们在其中的主体性作用和"主人"地位，深入了解不同类型民众的不同兴趣、爱好、需要和价值期盼，开展有针对性的、切实符合民众要求的宣传教育，才能增强吸引力，使民众乐于接受。

传播学其他方面的很多理论研究成果也极具借鉴意义。从传播效果理论看，大众传媒介的受众群体大、影响广，针对性则没个人传播强，但个人传播的影响面则非常有限。因而，在社会主义核心价值观民间共鸣的实际实践过程之中，既要重视发挥大众传媒的作用，又要善于结合个人传播、组织传播等形式，充分发挥两者的互补互促作用，这样才能收到好的宣传教育效果。从传播者的相关理论看，传播学认为，传播者的威望和地位会对传播效果产生很大影响，传播者的权力越大、地位越高，受众就越会受到其影响。因而，在实践社会主义核心价值观民间共鸣的实际工作中，必须重视党员干部和公众人物的作用，他们的价值取向，对于人民群众价值观的树立具有明显的示范性与导向性，会深刻影响民众对我国主导价值观的认同与践行。因此，党员干部和公众人物需要严格要求自己，要以自己的实际行动和良好形象影响和引导大众共同学习和践行社会主义核心价值观。传播学还十分重视传播者与受众的接近性或者说是相似性，认为传播者与受众在地域、民族、兴趣，以及经历等方面越是接近、越是相似，便越容易受到受众的信赖而接受其传播的信息。日本学者齐藤勇更是直截了当地说："我们都喜欢就近的人。"❶ 这

---

❶ 邵培仁.传播学［M］.北京：高等教育出版社，2000：82.

对于社会主义核心价值观民间共鸣的启示意义不言而喻，社会主义核心价值观要引发民众的共鸣，需要精心培育民间典范，用民众身边的人和事物去影响教育他们；可以通过业余兴趣爱好的组织，让其中有影响的人发挥教育引导作用；可以通过将社会主义核心价值观融入区域精神，使其能更好与当地民众本土文化实际相融合，以更好获得他们的认同。传播学上还有非常多与社会主义核心价值观民间共鸣研究极为相关或是相通的理论成果，例如，其中的广告传播策略中，就是十分关注共鸣问题，其极为注重受众日常记忆中的生活体验，通过唤起受众内心中珍藏的、难忘的经历、体验以及记忆，来激发受众情感和回忆，以引发受众的共鸣。合理借鉴其中的共鸣策略，有利于社会主义核心价值观更好地引发民众共鸣。总之，传播学是与社会主义核心价值观民间共鸣研究极为相关的学科，其中的很多研究成果与社会主义核心价值观民间共鸣研究具有很强的互通性和很好地运用效果，值得细细探寻其中的关联，合理借鉴其中的成果。

2.4.4.4　社会主义核心价值观民间共鸣的心理学探微

价值观问题一直是心理学研究的重要领域，国内外的许多心理学家对价值观问题开展了广泛的研究。在心理学家看来，价值观是一个复杂的、多层次的观念系统，要想准确把握，需要对其进行多视角、多维度的分类与描述。例如，德国的心理学家斯普兰格（E. Spranger）将人的社会生活分为六个方面，其也将价值观相应的分成六类，即经济的、宗教的、艺术的、政治的、社会的以及理论的这六类价值观。❶ 行为科学家格雷夫斯（F. W. Graves）也对错综复杂的价值观进行了归类，把价值观由低到高地划分为七个等级类型，即反应型、部落型、自我中心型、坚持己见型、玩弄权术型、社交中心型和存在主义型。在国内，心理学界也对价值观进行了分类，并经常从经济价值观、政治价值观、道德价值观、人际关系价值观、审美价值观、婚恋价值观、宗教价值观等维度，对民众的价值观问题开展广泛的调研。"任何系

---

❶　詹万生，刘庆龙. 时代的脉搏——当代大学生价值观演变轨迹［M］. 郑州：河南人民出版社，1997.

统都可以作多种描述"❶，对于社会主义核心价值观来说，其同样是个多层次的复杂系统，社会主义核心价值观是从国家、社会与个人三个层面进行概括与提炼的，每个层面的具体方面，又可以进行多维度的分析与展现。在社会主义核心价值观民间共鸣研究中，只有进行这样深入、细致、多维度的观察与分析，才能更为全面、准确地把握社会主义核心价值观在民间的真实共鸣效应。

　　与民众心心相印、息息相通才能更好促发共鸣。心理学对于民众心理的揭示，有助于促进社会主义核心价值观民间共鸣在实践中更好地遵循民众的心理规律，与民众进行更顺畅的心灵上的沟通。从心理学视角上看，社会主义核心价值观民间共鸣既要关注人的需要、动机、性格和气质等个性心理，找到其与民众个体的契合点，以更好地引发共鸣；同时，也要重视群体心理，群体心理是一定社会群体共同存在的心理倾向，其涉及群体归属心理、群体认同心理、群体心理促进及群体排外心理等。这些都会影响到社会主义核心价值观的民间共鸣。例如，群体归属心理是指个体会有自觉地将自身归属于所参加群体的一种情感，如同属于一个学校，或是一个班级的学生，表现出一种属于这个群体的身份意识。在这种情感和意识的推动下，个人会自觉维护群体利益，并在群体的准则框架下进行个体的认知与评价活动，在价值观念上也极易与所属群体其他成员趋同或达成一致，产生共鸣现象。群体促进心理主要指个体在群体中会获得更强的行动力，个体平时少做，或者不敢做的事，在参与到群体中后，在有群体作支撑和其他成员作参照的情况下，会勇敢去做自身原本不敢做或难以有勇气做的事。因此，对于社会主义核心价值观民间共鸣，要善于发现、引导和充分发挥民众所属的工作群体、兴趣群体、同学群体等各类群体在推进民众践行社会主义核心价值观中的作用。同时，还要重视民众的各种心理效应，包括"名片效应""自己人效应""威信效应"等。"名片效应"强调宣传教育活动要从民众熟悉和喜欢的、乐于接受

❶ 黄希庭.当代青年价值观与教育［M］.成都：四川教育出版社，1994：10.

的思想和观念开始，然后逐渐深入。对于社会主义核心价值观来说，就是要摸准与民众的共通之处，要先建立起亲切感，缓解和消除防范心理，在平和、亲切的氛围中实现社会主义核心价值观的民间传播。"自己人效应"，顾名思义是指民众把宣传教育者当作"自己人"之后，会产生良好的沟通效果。在实际操作中，如果与民众原有的意见、经验方面存在一些冲突，则可以通过先传递符合其原有经验并乐于接受的价值观念，搭建起相互沟通的连接点，这样有助于更好地消解防范心理，产生一种"自己人"的效应，在拉近与民众的距离后，再逐渐增加和渗透社会主义核心价值观教育。可见，汲取心理学的相关经验与成果，使社会主义核心价值观民间共鸣的实践建立在合理把握民众心理的基础上，能起到事半功倍的效果。

人本主义心理学是当代心理学的主要流派之一，其对于人的尊严、价值、自我实现和自我完善等问题十分重视，合理借鉴其中的思想，对社会主义核心价值观民间共鸣研究有着不少启示。美国著名的人本主义心理学家马斯洛将人的需要从低到高分为五个层次，前三个层次的需要为生理的需要、安全的需要，以及爱与归属的需要，其把这三种需要归纳为因缺乏而产生的需要，是基本需要。后两个层次的需要为尊重的需要和自我实现的需要，是高层次的需要，其又把这两种需要划分为存在的价值需要，即为发展需要。人不同于动物，不仅有低层次的物质方面的需要，更有创造价值、自我实现、自我完善等方面的需要。社会主义核心价值观民间共鸣的主体是活生生的人，社会主义核心价值观民间共鸣不能脱离人的需要、情感和个性等心理因素的作用而实现。从心理学上看，社会主义核心价值观民间共鸣可以说是民众在需要得以满足、价值期望得以实现后的一种情感爆发和行为呈现。这如同马斯洛提出的需要满足后的"高峰体验"这一概念，这是人在追求高层次的需要的过程中，需要得到满足，自我价值得以实现后所产生的一种共鸣体验。人有多方面的需要，既有物质方面的需求，更有精神上的追求。物欲的满足和肉体的感官刺激的欣快感是转瞬即逝的，随之而来的往往会是精神上的空虚，以及再次获取物欲与肉体感官刺激的快感的强烈冲动与暗示，不择手段的、无节制的获取物欲与肉体感官刺激上的满足感与快感，会导致道德上的沦落，甚至会走上违法、犯罪的深渊。要实现社会主义核心价值观的民间共鸣，既要关注民众合理的物质利益诉求及其满足，更要重视民众高层次的、精神上的需求的激发和满足，引导民众将国家、社会的整体利益和个人利益相结合，自觉协调好长远利益和现实利益，通过坚持不懈地努力、奉献，在为他人、社会和国家做出贡献的同时实现自我，发展自我，引导民众在追求实现一种持久的、积极而健康的高层次的价值满足中，体验崇高价值实现的满足，以更好促发民众心灵上的强烈共鸣。

行为主义心理学的经典理论之一是强化理论，美国心理学家斯金纳是主要代表人物，这一理论有着广泛的应用，对其进行合理借鉴也有助于社会主义核心价值观民间共鸣研究。从强化理论看，当行为的结果对个体有利时，这种行为可能重复出现，频率就会增加。这便是正强化的作用。因而，在社会主义核心价值观民间共鸣的实际操作中，社会对于有助于促进社会主义核心价值观民间共鸣的事物与行为应当及时给予肯定性的确认和赞赏性的评价，以使得这些积极的事物和良好的行为更好得到强化，促进民间共鸣的反复实现；相反，如果民众预知自己背离社会主义核心价值观的行为会遭受社会的谴责，便会竭力避免这种不愉快的后果的出现。

心理学其他方面的成果，如美国著名心理学家班杜拉所提出的社会学习理论，揭示了注意在榜样学习中的重要作用，并指出对榜样行为的模仿与"复现"需要足够动机的支撑，这样才能使观察真正地实现对榜样品质从内向外的行为转化，对于社会主义核心价值观如何才能更好地发挥民间践行榜样的引领作用有很大启示。再如认知心理学揭示了人们认知发展的规律，对于社会主义核心价值观如何能够更好地契合民众的认知，使其更好地转化为民间知识，有很大的理论借鉴意义。总的来说，社会主义核心价值观要引发民间的广泛共鸣，不能脱离人的心理发展规律，要契合人的心理诉求，这就需要充分借鉴心理学方面的相关研究成果。

2.4.4.5　社会主义核心价值观民间共鸣的教育学视角解读

从教育学的视角看，任何有关人的教育活动都会受到社会发展和人的身心发展这两大基本规律的制约。社会主义核心价值观民间共鸣同样要遵循其中的要求。一方面，社会主义核心价值观民间共鸣要与中国社会发展目标深度融合，要反映新时代中国社会发展的实际与要求，服务于社会主义现代化强国建设与中华民族的伟大复兴。另一方面要遵循人的身心发展要求，针对不同年龄阶段的人的不同身心发展特点，运用相应的方法，实施有针对性的计划，合理解决他们在价值观上的困惑与冲突，使社会主义核心价值观更好地转化为民众的内在品质。除了这两大基本规律外，其他一些教育工作上的规律同样需要重视。例如，教育学上认为，学生是一个有情感的、活生生的人，他们的学习过程，不仅是一个认知过程，也是一个情感体验过程，强调在认知与情感的协同中促进学生的成长。同样，社会主义核心价值观的民间共鸣，不仅需要"晓之以理"，还需要通过情景创设、实践体验和角色互换等形式来实现"动之以情"，通过融入亲情教育、感恩教育和友情教育等，来实现"以情动情"，促进情感共鸣的实现。

教育学作为一门综合性的学科，研究内容极为丰富，涉及人的教育的方方面面，与社会主义核心价值观民间共鸣有着紧密的学科关联，能为社会主义核心价值观民间共鸣提供理论与方法的借鉴。教育学经过长期的发展和完善，形成了丰富的教育思想与理论体系，其中比较有影响的包括建构主义、行为主义和认知主义等。建构主义相对于后两者要更为成熟，并且应用也更为广泛，对社会主义核心价值观民间共鸣也有着很大的启示意义。在建构主义看来，知识是由学习者主动建构起来的，这是建构主义的一个最基本的理念。在建构主义的眼中，知识不再是静态的结果，而是一种主动建构的过程，认知也不只是学习者对于书本知识的简单的记忆，而是要以主体已有的经验为基础，通过外部客观刺激和主体认知结构的相互作用来建构对知识新的理解，需要超越既定的结论，要有所创新。对于社会主义核心价值观来说，也需要在把握民众已有经验和知识结构的基础上，通过有效刺激，来促进社会主义核心价值观在民众中的内在生成与认同。同时，在学习观上，建构主义理论极为强调学生在学习与建构知识过程中主体性的发挥。其认为学习不只是简单地由教师把需要教授的知识传递给学生，而是要充分利用情境、协作、会话等学习环境要素来发挥学生的主动性、积极性与创造性，让学生自己积极地去建构知识，其同时认为这种建构是无法由其他人来代替的，而教师在这一过程中则要成为积极的引导者与促进者。建构主义的这一关于学习的理论对社会主义核心价值观民间共鸣有着很大的借鉴意义。要实现社会主义核心价值观的民间生成，我们首先就需要把民众看作是具有自主性、独立性与创造性的主体，关注他们的爱好、情感与需求，充分认识到他们是自身价值观的主动建构者，而不是外部刺激的被动接受者和被灌输的对象，真正把他们视为具有自主性、能动性与创造性的主体，要成为民众社会主义核心价值观内在生成的引导者与促进者。

其他如在 20 世纪 70 年代兴起的以教育家弗雷德·纽曼为代表的社会行动模式，认为当代各种道德教育理论都存在忽视实施行动的训练和技能这样一个共同问题。其十分强调"环境能力"——即公民影响环境的能力的培养，特别是培养公民的行动能力，使他们成为一个"道德行为者"。弗雷德·纽曼发现，个体对于环境施加影响的能力，则会直接影响到个体是否以及在多大程度上把自己视为道德行为者，如果个体觉得自身没有能力或者是没有必要去影响或是改变社会环境，他们对于这些社会问题就会变得漠不关心。因而，要创造良好的社会环境，形成对遵循社会主义核心价值观的民众给予支持和肯定，以及对引起民众不满的社会不良现象、违背社会主义核心价值观的行为及时进行批判的氛围，以更好维护民众自觉践行核心价值观的积极性与自觉参与良好道德风尚建设的信心。此外，教育方法影响着学生对学校所要求的道德价值内容的认同，恰当的教育方法无疑有助于学生对社会主义核心价值理念的认同。例如，通过民主的方法来传授民主的观念才更能让人们信服；教师在教育过程中平等地看待学生、尊重和关心学生，才能更有利于促进学生对平等、友善这类社会主义核心价值理念的认同和共鸣；企图用训斥、命令等方法来培育学生对民主、平等、自由和友善等社会主义核心价值理念的认同往往难以取得好的效果。

　　当然，对于教育学的理论，特别是对西方的教育思想，需要批判的借鉴。例如，建构主义作为后现代主义这个更为广泛的社会思潮的一部分，它的知识观也是伴随着后现代主义这一社会思潮于 20 世纪 60 年代兴起的，是对传统知识观的一种批判与反思。因此，我们在借鉴建构主义理论的同时，要避免走极端而走向反面，建构主义看到了知识的不确定性、动态生成性及相对性等特点，但不能因此而忽视了知识同时所具有的客观性和绝对性这一面，否则就难免会跌入相对主义与主观唯心主义的陷阱之中。对于建构主义的理论借鉴，需要善于区分其中的精华与糟粕，批判地吸收其中的合理成分。

第 3 章　社会主义核心价值观民间共鸣效应的实证研究

"没有调查就没有发言权。"要准确把握不同年龄、职业和文化程度等民众的"共鸣点",摸准民间的"固有频率",使社会主义核心价值观在民间真正引起共鸣效应,更好地到民间"落地生根",这不仅需要理论上的探讨与研究,还必须要深入民间,需要通过细致的调查与分析,来把握民间的真实想法和评估社会主义核心价值观是否引起有效共鸣。同时,这也能为接下来进一步展开的影响因素分析与实现路径探讨等奠定坚实、可靠的实证基础,提供丰厚、真实的第一手数据资料的支撑。

3.1　关于问卷发放的说明

本次调查主要以匿名问卷方式进行。在问卷发放形式上将随机发放和对特定人群进行有针对性的集中发放相结合。例如,为使问卷更好反映一线工人以及农民工等群体的真实状况,选择对淮北一个煤炭集团的一线煤矿工人和浙江外来务工人员集聚处的外来务工人员进行了部分问卷的集中发放。再如,习近平总书记在参加北京市海淀区民族小学庆祝"六一"国际儿童节活动时强调:"让社会主义核心价值观的种子在少年儿童心中生根发芽。"❶ 为更好地了解少年儿童的社会主义核心价值观共鸣效应,选择在一些小学校进行了部分问卷的集中发放。

问卷调查主要以当场发放、填写并回收的方式来实现。同时为更进一步准确把握调研对象问卷填写的本来意义,选取部分调研对象在问卷填写完成后进

---

❶ 习近平.让社会主义核心价值观种子在少年儿童心中生根发芽［N］.人民日报,2017-05-31.

行跟进了解和访谈等。例如，台州学院 2017 级思想政治教育（师范）专业本科班的学生协助笔者完成了部分问卷的发放，由于他们问卷发放的几个对象大多为自己的亲人或是熟人，彼此较为熟悉，所以在问卷填写完之后，他们通过询问、聊天等方式来进一步了解调研对象之所以这样填写问卷的真实想法。

此外，在问卷发放对象上力求多样，以真实反映民间的普遍看法。例如，在大学生的样本选择上，就选取了四川一所省属高校、江西的一所少数民族相对集中的高校、安徽的一所职业技术学校、浙江的一所地方本科院校和南京的一所全国重点大学等，尽量使问卷能综合反映各地区、各类型、各层次大学生的真实看法。

3.2　数据处理和样本基本情况

调查问卷收回后，筛选掉缺失率高等不合格问卷，然后对合格问卷进行编码并采用 SPSS 软件进行数据录入和统计分析（本书中问卷调查统计分析结果的数据精确到小数点后一位）。

本次总共收回有效问卷 1490 份。有效问卷中男女比例比较协调，男性742 人，有效百分比为 51.3%，女性 705 人，有效百分比为 48.7%，还有 43人因为漏填、错填、不愿填等造成缺失。这有助于社会主义核心价值观民间共鸣开展基于性别差异的比较分析。具体数据见表 3-1。

表 3-1　关于样本男女性别比例的统计结果

效果	性别	人数（人）	百分比（%）	有效百分比（%）	累积百分比（%）
有效	男	742	49.8	51.3	51.3
	女	705	47.3	48.7	100.0
	合计	1447	97.1	100.0	
缺失	漏填、错填、不愿填等造成的缺失	43	2.9		
合计		1490	100.0		

注：本次问卷调查统计分析结果表中数据四舍五入后精确到小数点后一位。百分比合计可能存在不正好是 100% 的情况，后面均同，不再注明。

除了性别因素外，不同年龄阶段的民众在社会主义核心价值观共鸣方面也会表现出各自的特点，这一因素也是接下去要重点进行比较分析的。本研究将调查对象分为出生于 1970 年前、1970—1979 年、1980—1989 年、1990—1999 年和 2000 年以来五个年龄阶段。

出生于 2000 年以后的调查人群以中小学在校学生为主。总计调查人数 373 人，占总样本有效百分比的 25.8%。社会主义核心价值观民间共鸣的实现需要从小抓起，把握住中小学生价值观正在形成的这一关键时期。这就需要通过调查与比较分析找准这一阶段学生的共鸣点，以更好促进他们正确价值观的确立。

1990—1999 年的出生的人群主要有在校大学生、在校研究生，以及离开高校刚步入社会不久或是中学毕业已步入社会有些年头的人群。他们往往思想活跃，对新事物感兴趣，也容易接受新事物，他们的价值观极易受到各种外在因素的影响。这一阶段人群的价值观处于发展的"动荡"时期，同时也是走向成熟的黄金时期。这一群体的样本总计 497 人，占总样本有效百分比的 34.4%。

1970—1979 年和 1980—1989 年这两个出生年龄阶段的人在实践中不断积累宝贵生活经验、提高职业能力的同时，也已在各行各业担当起了重任，同时也是家庭的支柱，他们的价值观也已相对稳定，是非鉴别力也随着经验和经历不断增长，对真、善、美也有了更为深刻的理解与认识。这两个年龄阶段的样本人数分别为 172 人和 303 人，分别占总样本有效百分比的 21.0% 和 34.4%。

1970 年以前出生的人群，他们阅历丰富，对事物也已形成自己固有看法和标准，价值观更具稳定性。通过调查研究准确把握这些群体对社会主义核心价值观认知和践行特点，分析他们对于社会主义核心价值观的真实共鸣效应和影响因素，并要在此基础上采取有针对性的策略消除障碍性因素的影响，具有十分重要的价值意义。这一群体的样本总计 101 人，占总样本有效百分比的 7.0%。具体的数据如表 3-2 所示。

表 3-2　关于样本出生年代的统计分析结果

效果	出生年份	人数（人）	百分比（%）	有效百分比（%）	累积百分比（%）
有效	1970 年前	101	6.8	7.0	7.0
	1970—1979 年	172	11.5	11.9	18.9
	1980—1989 年	303	20.3	21.0	39.8
	1990—1999 年	497	33.4	34.4	74.2
	2000 年后	373	25.0	25.8	100.0
	合计	1446	97.0	100.0	
缺失	漏填、错填、不愿填等造成的缺失	44	3.0		
合计		1490	100.0		

对于社会主义核心价值观民间共鸣，本书还从文化程度、党员与普通群众、不同职业等视角开展比较与分析，以更好为社会主义核心价值观共鸣的实践与实施提供依据。

在文化程度方面，小学及以下的共计 179 人，占样本总数的有效百分比的 12.4%，其中 2000 年后出生的小学生占了大多数，其次是 1970 年前和 1970—1979 年这两个出生年龄阶段的。初中文化程度的 278 人，占有效百分比的 19.2%。高中文化程度的 288 人，占有效百分比的 19.9%，中专或中技共计 58 人，占有效百分比的 4.0%，高职、高专和高技总计 177 人，占有效百分比的 12.2%，大学本科及以上文化程度的总计 466 人，共占有效百分比的 32.2%。具体如表 3-3 所示。

表 3-3　关于样本文化程度的统计分析结果

效果	文化程度	人数（人）	百分比（%）	有效百分比（%）	累积百分比（%）
有效	小学及以下	179	12.0	12.4	12.4
	初中	278	18.7	19.2	31.6
	高中	288	19.3	19.9	51.5
	中专或中技	58	3.9	4.0	55.5
	高职、高专和高技	177	11.9	12.2	67.8
	大学本科及以上	466	31.3	32.2	100.0
	合计	1446	97.0	100.0	
缺失	漏填、错填、不愿填等造成的缺失	44	3.0		
合计		1490	100.0		

对于"您的专业或您感兴趣的领域"这一问题的调查，由于答案较为分散，有些领域填写的人数非常少，不具有统计意义。因而，根据样本情况进行合并与归类。而有些专业或领域在合并与归类后，填写人数仍不足以进行统计分析的，则不进行统计分析。因而，这一问卷调查结果主要选择有代表性的"电子信息与计算机类"（主要由计算机、电子信息技术、电子竞技、编程和物联网等填写答案构成）、"机电工程类"（主要由机械、机电、电气、电路和采掘等填写答案构成）、"经贸类"（主要由金融、物流管理、电子商务和国贸等填写答案构成）、水利水电类、体育健身类、文史哲类，以及艺术类等专业或民众感兴趣领域进行分析。具体数据如表3-4所示。

表3-4　关于民众专业或感兴趣领域的调查结果

效果	专业或感兴趣领域	人数（人）	百分比（%）	有效百分比（%）	累积百分比（%）
有效	电子信息与计算机类	150	10.1	16.6	16.6
	机电工程机械类	195	13.1	21.6	38.2
	教育类	27	1.8	3.0	41.2
	经贸类	185	12.4	20.5	61.6
	水利水电类	33	2.2	3.7	65.3
	体育健身类	27	1.8	3.0	68.3
	文史哲类	55	3.7	6.1	74.3
	休闲娱乐类	56	3.8	6.2	80.5
	医学类	53	3.6	5.9	86.4
	艺术类	123	8.3	13.6	100.0
	合计	904	60.7	100.0	
缺失	漏填、错填、不愿填等造成的缺失	586	39.3		
合计		1490	100.0		

在这之外，笔者于2010年前后，就曾以浙江省台州市为例，对804名农民工的价值观开展了较为全面的调查研究与统计分析，相关数据为进一步了解这一群体对社会主义核心价值观的共鸣效应奠定了一定的基础，有关数据

在具体论述中也从时间、群体等方面用作比较和参照，以更好地丰富本研究的内容。

3.3 社会主义核心价值观民间共鸣效应的实证分析

3.3.1 社会主义核心价值观民间共鸣效应整体积极

在调查中，对于我国倡导富强、民主、文明、和谐，倡导自由、平等、公正、法治，倡导爱国、敬业、诚信、友善，积极培育和践行社会主义核心价值观，调查对象中有高达 76.8% 的民众表示"会积极支持和响应"，表示"有时会响应"的比例为 17.3%，这两者所占比例具有绝对优势。由此可见，民间对于社会主义核心价值观的践行和培育的态度在整体上看是支持的、积极响应的。具体数据可见表 3–5 所示。

表 3–5　对倡导富强、民主、文明、和谐，倡导自由、平等、公正、法治倡导爱国、敬业、诚信、友善，积极培育和践行社会主义核心价值观，民众看法调查结果

效果	民众的看法	人数（人）	百分比（%）	有效百分比（%）	累积百分比（%）
有效	会积极支持和响应	1141	76.6	76.8	76.8
	有时会响应	257	17.3	17.3	94.1
	说不清	73	4.9	4.9	99.1
	不会响应	9	0.6	0.6	99.7
	其他	5	0.3	0.3	100.0
	合计	1485	99.7	100.0	
缺失	漏填、错填、不愿填等造成的缺失	5	0.3		
	合计	1490	100.0		

同时，在民众对积极培育和践行社会主义核心价值观的重要性与意义的看法中，调查对象中认为"非常重要，很有意义"的有效百分比占比高达 55.9%；认为"重要，有意义"的有效百分比占比 39.4%；选择"与我关系不大"的有效百分比有 4.1%，只占很少比例；选择"不重要，没什么意义"的

更少。具体数据可以参照表3-6。这些调查结果较为一致地显示了社会主义核心价值观在民间整体来看是有良好影响力、感召力和吸引力的。随着党的十八大用24字加以明确，社会主义核心价值观在与中国实践的交响中不断引向深入，加上先进践行典范的示范与引领，日渐深入到广大民众的心中，成为他们共同的心声和价值追求，获得了民众广泛的认可，已展现出鲜活生命力和强大凝聚力。新时代，随着中国经济社会的发展和以人民为中心的发展思想的提出，在各项事业不断取得成就和民众美好生活需要不断得到满足后，24字核心价值观必将会引发更为广泛的共鸣，也会更加深入人心。

表3-6　对于我国倡导富强、民主、文明、和谐，倡导自由、平等、公正、法治，倡导爱国、敬业、诚信、友善，民众对其重要性和意义认识情况的调查结果

效果	民众的态度	人数（人）	百分比（%）	有效百分比（%）	累积百分比（%）
有效	非常重要，很有意义	827	55.5	55.9	55.9
	重要，有意义	583	39.1	39.4	95.3
	与我关系不大	61	4.1	4.1	99.4
	不重要，没什么意义	9	0.6	0.6	100.0
	合计	1480	99.3	100.0	
缺失	漏填、错填、不愿填等造成的缺失	10	0.7		
	合计	1490	100.0		

3.3.2　国家层面的富强、文明和个人层面的诚信是民众广泛关注也极易促发的"共鸣点"

从调研情况来看，国家层面的"文明"这一价值目标极受民众关注，在24字核心价值观3个层面12个方面中，样本中有效百分比达15.5%的民众表示最为关注"文明"。中华文明绵延数千年，我国历来重视文明礼仪教育。讲文明、懂礼貌作为中华民族的优良传统美德，通过不断地创造发展与现代转化，持续不断地为中华儿女提供了丰润的文明滋养。加上我们党高度重视精神文明建设，结合全国文明城市创建等工作，使文明意识深入人心，体现

在民众的日常修养、行为习惯和精神气质等方方面面中，这些都促进了文明意识的有效培育，使得民众对文明有很高的认同度，在实际生活中起到了很好的价值引导和行为约束作用。接下来的是"富强""诚信""和谐"有效百分比分别占 12.1%、11.5% 和 9.7%。再接下来有效百分比在 7.0% 以上的还有"法治""爱国"和"自由"，这三者分别是 7.9%、7.6% 和 7.1%，其他方面可见表 3-7 所示。

表 3-7　关于哪一个方面民众有相关经历或关注最多的调查结果

效果	选项	人数（人）	百分比（%）	有效百分比（%）	累积百分比（%）
有效	富强	171	11.5	12.1	12.1
	敬业	46	3.1	3.3	15.4
	诚信	162	10.9	11.5	26.8
	友善	116	7.8	8.2	35.0
	其他	24	1.6	1.7	36.7
	民主	57	3.8	4.0	40.8
	文明	219	14.7	15.5	56.3
	和谐	137	9.2	9.7	66.0
	自由	100	6.7	7.1	73.0
	平等	94	6.3	6.7	79.7
	公正	69	4.6	4.9	84.6
	法治	111	7.4	7.9	92.4
	爱国	107	7.2	7.6	100.0
	合计	1413	94.8	100.0	
缺失	漏填、错填、不愿填等造成的缺失	77	5.2		
合计		1490	100.0		

而通过对调查数据的进一步分析可以看到，民众对于"富强"不仅关注度高，而且最希望国家在这方面取得进步，是最为期盼实现的价值目标。从表 3-8 中可以看到，民众在"我国在哪一个方面取得进步感到最为高兴"的调查结果中，选择了"富强"的有效百分比高达 46.1%，这一比例远高于其

他方面的选项，反映了民众对于实现国家富强和民族复兴的强烈期盼和价值认同，对中国未来的发展充满了强烈的憧憬之情。国家的日益繁荣富强是社会主义核心价值观民间培育和践行最具说服力的历史见证和鲜活事实。可以加大我国经济、国防、社会民生各方面建设事业的成就，以及重大科技成果等的宣传，通过开展改革开放周年庆典和新中国成立周年庆典等活动，让民众更好感受到中国特色社会主义伟大实践中所获得的巨大成就，增强民众对于国家实现富强和复兴的信心与自豪感，以此能更好激起民众践行社会主义核心价值观的自觉性和热情。

表 3-8　关于我国在哪一个方面取得进步民众感到最为高兴的调查结果

效果	选项	人数（人）	百分比（%）	有效百分比（%）	累积百分比（%）
有效	富强	655	44.0	46.1	46.1
	敬业	9	0.6	0.6	46.7
	诚信	30	2.0	2.1	48.8
	友善	13	0.9	0.9	49.8
	其他	24	1.6	1.7	51.4
	民主	110	7.4	7.7	59.2
	文明	89	6.0	6.3	65.4
	和谐	106	7.1	7.5	72.9
	自由	55	3.7	3.9	76.8
	平等	101	6.8	7.1	83.9
	公正	82	5.5	5.8	89.7
	法治	98	6.6	6.9	96.6
	爱国	49	3.3	3.4	100.0
	合计	1421	95.4	100.0	
缺失	漏填、错填、不愿填等造成的缺失	69	4.6		
合计		1490	100.0		

不公正、不诚信、不文明等消极现象会严重干扰了社会主义核心价值观民间共鸣的实现。在问及"破坏或违背哪一方面的人或事物最让您气愤"

时，"公正"居于首位，有效百分比占 15.7%；"诚信"名列第二，有效百分比 15.0%；"文明"有效百分比也占到了 10.0%。可见，民众对于破坏不公正的人或事最为反感，反映了民众对公平正义的强烈诉求。其他有效百分比占比较高的是"法治""爱国"和"平等"，分别为 13.2%、12.3% 和 10.4%，在"破坏或违背哪一方面的人或事物最让您气愤"的调查结果中分别处于第三、四、五位。其他方面的具体数据详见表 3-9。

表 3-9　关于破坏或违背哪一方面的人或事物最让民众气愤的调查结果

效果	选项	人数（人）	百分比（%）	有效百分比（%）	累积百分比（%）
有效	富强	31	2.1	2.2	2.2
	敬业	16	1.1	1.1	3.3
	诚信	215	14.4	15.0	18.3
	友善	44	3.0	3.1	21.4
	其他	46	3.1	3.2	24.6
	民主	51	3.4	3.6	28.2
	文明	143	9.6	10.0	38.2
	和谐	90	6.0	6.3	44.5
	自由	56	3.8	3.9	48.4
	平等	149	10.0	10.4	58.9
	公正	224	15.0	15.7	74.5
	法治	188	12.6	13.2	87.7
	爱国	176	11.8	12.3	100.0
	合计	1429	95.9	100.0	
缺失	漏填、错填、不愿填等造成的缺失	61	4.1		
合计		1490	100.0		

随着中国特色社会主义进入新时代，民众的需求更为广泛，特别是人民日益增长的美好生活需求与不平衡不充分发展之间的矛盾成为社会主要矛盾，而我国当前初级阶段发展仍然不平衡，难以满足人民对社会公正的日益增长的强烈需求，民众的公正需求的必然也会越发凸显。在当前我国仍处于社会

主义初级阶段和社会转型这么一个时期，在现实生活中仍存在一些教育不公平、就业不公平以及收入、城乡、区域发展不平衡等问题，导致产生了的不少歧视，更加激起了民众对公正的期盼和对不公正现象的气愤。在以浙江台州为例，对804名农民工价值观的调查研究与统计分析的结果显示，占样本有效百分比39.5%的调查对象认为当地人"大多比较公正、友好"，22.8%调查的对象表示"说不清"，但仍有37.7%的调查对象认为当地人"多数人有歧视，看不起外来务工者"，具体数据可见表3-10。❶

表3-10　关于804名农民工觉得当地人对他们态度的调查结果

效果	选项	人数（人）	百分比（%）	有效百分比（%）	累积百分比（%）
有效	大多比较公正、友好	313	38.9	39.5	39.5
	多数人有歧视，看不起外来务工者	299	37.2	37.7	77.2
	说不清	181	22.5	22.8	100.0
	合计	793	98.6	100.0	
缺失	不愿填、漏填等造成的缺失	11	1.4		
	合计	804	100.0		

党的十八大报告上明确提出，公平正义是中国特色社会主义的内在要求，新时代我国社会的主要矛盾也要求着力解决好发展不平衡问题，以缩小各方面差距，更好促进均衡发展，满足民众对于公平正义的要求和维护公平正义的强烈意愿，人民群众对于公正的期盼在新时代的伟大实践中将更好地得到满足，这也必然会更进一步激发民众对于社会主义核心价值观的共鸣。民众对于公平正义的价值期盼和追求，也表现在他们对于维护公正社会秩序的责任意识中。这在对广大民众关于"维护公正的社会秩序人人有责"的调查结果中便可明显看出，他们对此表示"非常认同"的人，在调查人数中所占的有效百分比高达70.5%，还有24.6%的人表示"比较认同"。具体数据详见表3-11。

---

❶ 陈昌兴.转型期农民工价值观研究［M］.北京：知识产权出版社，2014：4.

表 3-11　关于民众对"维护公正的社会秩序人人有责"态度的调查结果

效果	态度	人数（人）	百分比（%）	有效百分比（%）	累积百分比（%）
有效	非常认同	1039	69.7	70.5	70.5
	比较认同	363	24.4	24.6	95.1
	说不清楚	60	4.0	4.1	99.2
	不太认同	8	0.5	0.5	99.7
	很不认同	4	0.3	0.3	100.0
	合计	1474	98.9	100.0	
缺失	漏填、错填、不愿填等造成的缺失	16	1.1		
	合计	1490	100.0		

同时，公平正义这一核心价值离不开法治的守护。我国持之以恒加强法治教育，推进法治建设，民众法治意识不断增强，对于法治遭受破坏感到气愤。这从表 3-9 关于"破坏或违背哪一方面的人或事物最让您气愤"的调查结果中，法治以 13.2% 的有效百分比占据第三也可以看出。随着党的十九大报告提出深化依法治国实践，新时代我国全面推进依法治国也将会进入新的历史阶段，民众的法治和公平正义需求也将会得到更好的满足。

对于诚信，这已关涉到方方面面，缺乏诚信会带来一系列负面影响。在社会交往中，缺乏诚信会导致社会冷漠，人与人之间缺乏真诚与信任。在经济上，假冒伪劣、坑蒙拐骗等不良行径使经济规则和秩序遭受破坏，而且使不少人遭受经济损失，消费者的权益难以得到保障，会使民众产生不满情绪，也就会严重影响民众对"诚信"这一价值目标的认同和信心。对于"诚信""文明"，在我国民众中有很高的认同度。诚信是中华民族的传统美德，我国向来讲求"言必行，行必果"❶，认为"民无信不立"❷。

文明同样是中华民族的传统美德，作为文明古国，我国素以"礼仪之邦"著称，文明是我国经过几千年积淀而成的优秀传统。这些优良美德至今仍影

---

❶ 见《论语·子路》。

❷ 见《论语·颜渊》。

响着每一位中华儿女,深深地印刻在他们的心里,这也是我国绝大多数民众在见到与中华民族传统美德相违背的不诚信、不文明言行时表示十分气愤的重要原因。这在本人曾对浙江省台州市 804 名农民工的价值观调查中也可得到印证:对于踩草坪、随意吐痰,以及破坏公物等不文明行为,调查对象之中有效百分比占到 49.6% 的人认为这是"非常不道德的,应该受到谴责";还有 27.2% 的人表示"看到特别过分的行为会上去制止"。❶ 这些都表明了我们民众对于这些深植于中华优秀传统文化的社会主义核心价值理念的高度认可并会积极践行。这方面更为详细的数据可见表 3-12。

表 3-12　关于农民工对踩草坪、随意吐痰及破坏公物等不文明行为的调查分析

效果	选项	人数(人)	百分比(%)	有效百分比(%)	累积百分比(%)
有效	虽然知道这样也不好,但如果别人也做了,而且比较方便,自己也就跟着做了	50	6.2	6.3	6.3
	非常不道德的行为,应该受到谴责	397	49.4	49.6	55.9
	看到特别过分的行为会上去制止	218	27.1	27.2	83.1
	觉得这些都很正常,做了就做了	46	5.7	5.8	88.9
	这些和自己没关系,不想管	89	11.1	11.1	100.0
	合计	800	99.5	100.0	
缺失	漏填、错填、不愿填等造成的缺失	4	0.5		
合计		804	100.0		

然而,现实生活中乱扔垃圾、破坏环境卫生、考试作弊,以及弄虚作假等不诚信、不文明现象依然广泛存在,民众对这些方面关注度高,并在日常生活中也会经常碰到,这在前面的表 3-7 中,关于哪一个方面民众有相关经历或关注最多的调查结果中也可以看出。如果任由这些不良现象滋长、蔓延,则会严重阻碍社会主义核心价值观民间共鸣的实现,甚至一些民众会受不良现象的影响变得随波逐流,放弃道德坚守。例如,在关于农民工对于踩草坪、

❶　陈昌兴.转型期农民工价值观研究 [M].北京:知识产权出版社,2014:54.

随意吐痰以及破坏公物等不文明行为的调查中，虽然绝大多数都是反对的，认为要受到谴责，并且有很大一部分还表示会出来制止，但还是有 11.1% 的人认为"这些和自己没关系，不想管"，甚至于还有 6.3% 的人"虽然知道这样做不好，但别人做了，而且比较方便，自己也会跟着做"。

可见，这些悖离社会主义主流价值观的社会现象会严重干扰民众对社会主义核心价值观民间共鸣的认知和认同，需要通过强化舆论引导、制度规约和建立健全公正的赏罚机制等，来澄清事实，培育良好社会心态，旗帜鲜明的反对悖离社会主义核心价值观的言行，弘扬社会正气，促进社会和谐，形成扬善抑恶的风气，以促进社会主义核心价值观良好民间共鸣氛围的形成。

3.3.3　网络在社会主义核心价值观民间共鸣中的影响日益显现

在当今这一高度信息化的时代，网络空间已成为价值观话语权和民心争夺的前沿阵地，各种价值观在此互动、交流和交锋，抢夺阵地。中国的网民数量全球第一，是一个名副其实的网络大国。越来越多的民众对于"我的生活已离不开网络"，表示"非常认同"或"比较认同"，从调查结果看，这两个选项的有效占比分别达到 27.8% 和 28.8%，两者合计达到 56.6%。网络已渗透到民众的工作、学习、休闲娱乐等各个方面，对民众的价值观念产生了深刻的影响（见图 3-1）。

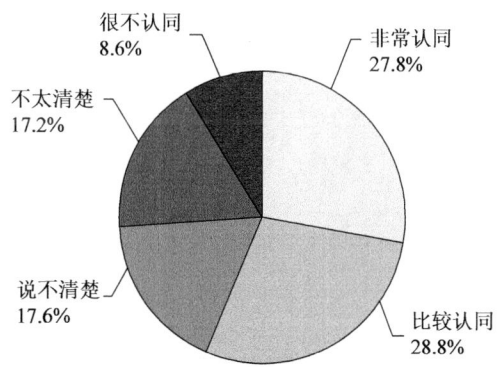

图 3-1　民众对于"我的生活已离不开网络"看法的相关调查结果

　　其中，出生于 20 世纪 90 年代的人群，这部分调查对象以在校大学生为主，也包含大多数在校研究生或是步入社会不久的人群，他们对网络的依赖度最高，非常认同和比较认同"我的生活已离不开网络"的人在这一群体中的比例分别达到 38.9% 和 33.0%，两者合计高达 71.9%。这一群体刚好思想活跃，好奇心强，他们的价值观念也最易受网络的影响，需要高度关注。而出生于 1970 年前的群体和 2000 年后出生的中小学生群体对于"我的生活已离不开网络"表示赞同态度的（含"非常认同"和"比较认同"）人数在各自群体中所占比例分别为 30.0% 和 43.2%，相对其他群体比例略低一些。20 世纪 70 年代前出生的人群比例偏低主要是由于受传统的信息获取和交流模式影响，以及缺乏相应的信息化技能来适应网络社会带来的新变化等因素造成的，而 2000 年以后出生的中小学生则正处于求知和学习关键的时期，家长和学校的管理和学业上的压力使得他们中的不少人面对网络生活"心有余而力不足"（见表 3-13）。

表 3-13　我的生活已离不开网络

出生年代	人数及占比	非常认同	比较认同	说不清楚	不太清楚	很不认同	合计
1970 年前	人数（人）	17	13	24	28	18	100
	百分比（%）	17.0	13.0	24.0	28.0	18.0	100.0
1970—1979 年	人数（人）	42	35	28	47	19	171
	百分比（%）	24.6	20.5	16.4	27.5	11.1	100.0
1980—1989 年	人数（人）	80	113	36	51	19	299
	百分比（%）	26.8	37.8	12.0	17.1	6.4	100.0
1990—1999 年	人数（人）	192	163	78	43	18	494
	百分比（%）	38.9	33.0	15.8	8.7	3.6	100.0
2000 年以后	人数（人）	72	89	86	77	49	373
	百分比（%）	19.3	23.9	23.1	20.6	13.1	100.0
合计	人数（人）	403	413	252	246	123	1437
	百分比（%）	28.0	28.7	17.5	17.1	8.6	100.0

网络是社会主义核心价值观民间培育和践行的一个重要载体。通过对调查数据的统计与分析，调查样本中有效占比达 15.5% 的人甚至表示他们了解社会主义核心价值观最为重要的途径便是网络生活，具体数据参见表 3-14。但我国网络信息技术的发展水平与西方强国相比仍有不少差距，称不上是网络强国。以美国为首的西方国家以其所掌控的网络信息技术和资源上的优势，对其他国家大肆进行价值观输出，意图牢牢地把控住其在网络空间的价值观话语权，这对我国社会主义核心价值观的民间培育和践行提出了严峻的挑战。

表 3-14　关于民众了解社会主义核心价值观最主要途径的调查结果

效果	选项	人数（人）	百分比（%）	有效百分比（%）	累积百分比（%）
有效	书本、课堂、学习培训等	599	40.2	40.9	40.9
	电视报纸	319	21.4	21.8	62.7
	与他人交流	73	4.9	5.0	67.7
	公共场所宣传标语	213	14.3	14.5	82.2
	网络生活	227	15.2	15.5	97.7
	不了解	27	1.8	1.8	99.6
	其他	6	0.4	0.4	100.0
	合计	1464	98.3	100.0	
缺失	漏填、错填、不愿填等造成的缺失	26	1.7		
	合计	1490	100.0		

对此，一方面，中国需要在网络信息领域大力发展自主、可靠的核心技术。"中国制造 2025" 及 "互联网 +" 行动计划的实施已为我国网络核心技术的创新发展提供了难得的机遇，有助于中国加快追赶西方，缩小同他们的差距，从而能更好地为社会主义核心价值观的民间培育和践行提供网络技术上的支持。另一方面，必须要在网络空间积极发声，提升社会主义核心价值观在网络空间的话语权。既要通过参与网络空间规则制定积极发声，来反对西方国家的 "网络霸权" 及其对弱势国家网络主权的入侵；也要通过各种网络论坛以及网络视频等网络交流、娱乐等场所积极发声，来引领网络空间的社

会思潮，使网络能成为弘扬正能量，促进社会主义核心价值观民间培育和践行的有效载体。

3.3.4　社交、归属和自我实现需求的满足更易激起民众的情感共鸣

共鸣是在人的需要得到满足的基础上产生的，寻找社会主义核心价值观与民众需要的最佳契合点并与之有机结合，才能更好促进社会主义核心价值观民间共鸣的实现。在调查中问及"哪一种感觉最为美好"时，"家庭和睦、人际和顺的和谐感"，以及"办成事情、取得成功后的成就感"成了最多的选项，这两个选项的有效百分比分别达到了 41.8% 和 16.7%，远远高于其他选项。按马斯洛人的需求层次理论看，"家庭和睦、人际和顺的和谐感"属于社交与归属的需求，是较高层次的需求。"人的本质不是单个人所固有的抽象物，在其现实性上，它是一切社会关系的总和。"❶人是社会关系中的人，作为社会的一员，不能脱离他人和社会而独自存在，人们希望人际和顺，与他人正常交往，关爱别人并且得到他人的关爱。家庭和睦体现了民众希望在家庭中相互关心和照顾，是融入团体归属需要的一种。从中可见，人与人之间亲密、健康交往需求的满足极易激发民众对于和谐的情感共鸣。

"办成事情、取得成功后的成就感"属于自我实现层次的需求，这也是马斯洛需求层次理论中最高层次的需求。再接下去则是"为国争光的荣誉感"，有效百分比占到了 9.1%。而"物质方面的富足感""美味佳肴的可口感"，以及"旅游、音乐、游戏等休闲娱乐活动带来的放松、舒畅与快乐的愉悦感"有效百分比分别为 6.1%、3.0% 和 4.3%，这些处于马斯洛需求层次理论中最底层、最基本的需求层次。这些物质和视听觉层面的享受和满足带来的快乐与美好感觉，并未被大多数人认为是最为美好的感觉，三者总计有效占比为13.4%。其他相关数据可参见表 3-15。在党的十九大报告中明确指出，我国社会主要矛盾已经转化为人民日益增长的美好生活需要和不平衡不充分的发

---

❶　马克思，恩格斯 . 马克思恩格斯选集（第 1 卷）［M］. 北京：人民出版社，1995：56.

展之间的矛盾。改革开放以来，民众的物质文化生活水平不断提升，目前我国已进入中等偏上收入国家行列。随着我国基本物质文化生活条件的显著改善，民众的需求也更为多样和广泛，并向社交、爱、归属和自我实现等更高层次的需求迈进。随着中国特色社会主义进入新时代，也为生活于这一伟大时代的民众提供了前所未有的自我发展、自我实现和人生出彩的机会和舞台，能使民众更好地理解和认同国家富强、民族振兴和民众幸福、美好需要满足之间的密切联系，有助于民众在高层次需要的满足与情感体验中促发对社会主义核心价值理念的共鸣。

表 3-15　关于民众觉得以下哪一种感觉最为美好的调查结果

效果	选项	人数（人）	百分比（%）	有效百分比（%）	累积百分比（%）
有效	物质方面的富足感	88	5.9	6.1	6.1
	助人为乐、见义勇为的正义感	33	2.2	2.3	8.3
	其他	8	0.5	0.6	8.9
	办成事情、取得成功后的成就感	242	16.2	16.7	25.6
	为国争光的荣誉感	132	8.9	9.1	34.7
	家庭和睦、人际和顺的和谐感	606	40.7	41.8	76.5
	情感方面的温馨感	61	4.1	4.2	80.7
	学得知识、弄清问题后的喜悦感	87	5.8	6.0	86.7
	获得尊重或理解后的欣慰感	87	5.8	6.0	92.7
	美味佳肴的可口感	43	2.9	3.0	95.7
	旅游、音乐、游戏等休闲娱乐活动带来的放松、舒畅与快乐的愉悦感	63	4.2	4.3	100.0
	合计	1450	97.3	100.0	
缺失	漏填、错填、不愿填等造成的缺失	40	2.7		
	合计	1490	100.0		

3.3.5　社会主义核心价值观民间共鸣环境需要共同优化

良好的环境和氛围有助于促进社会主义核心价值观民间共鸣的实现。虽然在表 3-7 中，关于"哪一个方面您有相关经历或关注最多"的调查结果中，"文明"居于首位，民众对于不文明现象也十分愤恨，在前面表 3-9 中关于"破坏或违背哪一方面的人或事物最让民众气愤"的调研结果也显示，在破坏或违背文明的人或事在 12 个方面中占了 10.0% 的有效百分比。而在实际生活中，当人们见到不文明行为时表示会"及时出面进行劝住和或批判"的，在调查对象中只有占 30.9% 的有效百分比，更多的人则表示"必要时会站出来"（有效百分比为 40.9%），而表示"在心理谴责下，但一般不会站出来"还是占到了 14.7% 的有效百分比。虽然民间普遍认为不文明现象应该要受到谴责与制止，只占样本有效百分比的 3.1% 的民众认为"不关自己的事，一般不管"，但具有行动力并会在第一时间付诸行动的人的比例依然还不够高。以上具体的数据情况可见表 3-16。

表 3-16　关于民众看到不文明行为时会怎么做的调查结果

效果	选项	人数（人）	百分比（%）	有效百分比（%）	累积百分比（%）
有效	及时出面进行劝住和或批判	460	30.9	30.9	30.9
	必要时会站出来	608	40.8	40.9	71.8
	有其他人站出来时，会一起上去劝阻或批评	154	10.3	10.4	82.2
	在心理谴责下，但一般不会站出来	219	14.7	14.7	96.9
	不关自己的事，一般不管	46	3.1	3.1	100.0
	合计	1487	99.8	100.0	
缺失	漏填、错填、不愿填等造成的缺失	3	0.2		
	合计	1490	100.0		

3.3.6　社会主义核心价值观民间传递载体日益多元，但思政理论课主渠道作用十分明显

从调查结果来看，传统的"书本、课堂、学习培训等"仍是大多数民众了解社会主义核心价值观最主要的途径，这部分所占比例高达 41.5%。其次是电视和报纸，有 21.4% 的人将其作为了解社会主义核心价值观最主要的途

径。处于第三和第四位的分别是"网络生活"和"公共场所宣传标语"，两者比例接近，分别占 15.5% 和 14.6%，具体数据可以参见表 3-17。

而作进一步的分析可看到，以"书本、课堂、学习培训等"为最主要途径来了解社会主义核心价值观的民众中，90 后和以中小学生为主的 00 后在各自群体中所占的比例最高，分别为 54.1% 和 55.9%，明显高于出于 1970 年前、1970—1979 年及 1980—1989 年这三个年龄阶段在各自群体中所占的 19.0%、24.3% 和 20.2%。造成这种差异的一个重要原因在于党的十八大首次用 24 个字明确概括社会主义核心价值观的基本内容时，这部分人群大多已经离开校园，就未能在学校，在课堂接受系统的理论学习。而是通过自我学习或培训等途径了解到。因而，相对于在校的 90 后大学生和 00 后中小学生，电视和报纸这些传统传媒则成了他们了解社会主义核心价值观最为主要的渠道，这一途径在出生于 1970 年前、1970—1979 年以及 1980—1989 年这三个年龄阶段中所占的比例分别是 47.0%、31.4% 和 29.3%，均高于以"书本、课堂、学习培训等"为主要途径的比例。由此也可以看出，学校系统的思想政治理论课等教学在学生科学价值观的确立中所起到的重大作用。另外，值得注意的是，在 1970 年前出生的人群中有 21.0% 是以公共场所宣传标语来获取相关信息的，而 1980—1989 年这一群体中通过网络生活获取相关信息的比例也达到了 19.5%。

表 3-17　不同年代民众了解社会主义核心价值观的最主要的途径

出生年代	人数及占比	书本、课堂、学习培训等	电视报纸	与他人交流	公共场所宣传标语	网络生活	不了解	其他	合计
1970 年前	人数（人）	19	47	5	21	6	2	0	100
	百分比（%）	19.0	47.0	5.0	21.0	6.0	2.0	0	100.0
1970—1979 年	人数（人）	41	53	16	27	27	5	0	169
	百分比（%）	24.3	31.4	9.5	16.0	16.0	3.0	0	100.0

出生年代	人数及占比	书本、课堂、学习培训等	电视报纸	与他人交流	公共场所宣传标语	网络生活	不了解	其他	合计
1980—1989年	人数（人）	60	87	19	58	63	8	2	297
	百分比（％）	20.2	29.3	6.4	19.5	21.2	2.7	0.7	100.0
1990—1999年	人数（人）	262	79	18	54	69	1	1	484
	百分比（％）	54.1	16.3	3.7	11.2	14.3	0.2	0.2	100.0
2000年后	人数（人）	207	38	12	47	55	8	3	370
	百分比（％）	55.9	10.3	3.2	12.7	14.9	2.2	0.8	100.0
合计	人数（人）	589	304	70	207	220	24	6	1420
	百分比（％）	41.5	21.4	4.9	14.6	15.5	1.7	0.4	100.0

社会主义核心价值观正是通过这些多元化和多样化的宣传和传递，大大提升了民间认知度，使得民众即使没有接受系统教育与培训，也对其有所了解。这在我们的调查数据中可以得到明显反映：对于"三个倡导"的相关内容以及社会主义核心价值观的培育和践行，表示"非常了解"的民众有效百分比达到了22.6%，有效占比最高的是"有所了解"，有效百分比为52.5%，还有23.3%的民众表示"有听到、看到，可不大了解"，具体的调查数据可见表3-18。可见，对于社会主义核心价值观，由于多方位的民间传递体系，使得其在民间有很高的认知度，即使民众没接受系统教育，或是不大了解，但都有听过或看到过，而"没听过"的民众则可以说是微乎其微。这里只是关于民众了解社会主义核心价值观最为主要的途径的调查结果。而实际上民众也往往是通过多个渠道共同获取到社会主义核心价值观培育和践行的相关信息的。

表 3-18　对于我国倡导富强、民主、文明、和谐，倡导自由、平等、公正、法治，倡导爱国、敬业、诚信、友善，积极培育和践行社会主义核心价值观，民众对此是否了解

效果	选项	人数（人）	百分比（%）	有效百分比（%）	累积百分比（%）
有效	非常了解	335	22.5	22.6	22.6
	有所了解	779	52.3	52.5	75.1
	有听到、看到，可不大了解	345	23.2	23.3	98.4
	没听过	24	1.6	1.6	100.0
	合计	1483	99.5	100.0	
缺失	漏填、错填、不愿填等造成的缺失	7	0.5		
合计		1490	100.0		

3.3.7　各民族整体来看趋于一致

本次调查回收的 1490 份问卷中，汉族 1339 人，占比 89.9%；少数民族 117 人，占 7.9%；还有 34 人因漏填、错填、不愿填等造成的缺失，占比 2.2%，具体见图 3-2。在本次少数民族社会主义核心价值观的民间共鸣调查时，对江西的一所少数民族较为集中的高校进行了部分问卷的集中发放，以藏族为主。

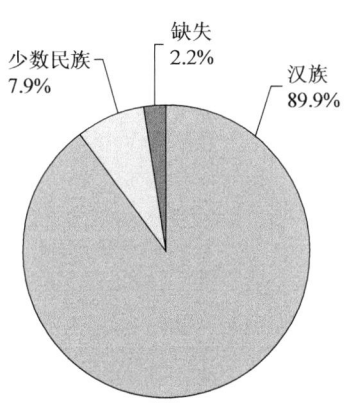

图 3-2　调查对象中汉族和少数民族的比例分布情况图

在浙江，对以侗族为主的一个少数民族外出务工人员较为集中的人群进行了部分问卷的集中的发放。其中，少数民族调查对象中以藏族为主的大学生和以侗族为主的外出务工人员的比例较高，有效百分比分别占到了20.7%和16.2%。其他民族中，维吾尔族在调查样本中的有效百分比占到了11.7%，具体见表3-19。

表3-19 关于调查样本中各民族比例的统计

	民族	人数（人）	百分比（%）	有效百分比（%）	累积百分比（%）
少数民族	白族	2	0.1	1.8	1.8
	布依族	3	0.2	2.7	4.5
	藏族	23	1.5	20.7	25.2
	朝鲜族	1	0.1	.9	26.1
	穿青人	2	0.1	1.8	27.9
	东乡族	1	0.1	0.9	28.8
	侗族	18	1.2	16.2	45.0
	俄罗斯族	1	0.1	0.9	45.9
	回族	4	0.3	3.6	49.5
	满族	2	0.1	1.8	51.4
	毛南族	1	0.1	0.9	52.3
	蒙古族	9	0.6	8.1	60.4
	苗族	11	0.7	9.9	70.3
	畲族	1	0.1	0.9	71.2
	土家族	7	0.5	6.3	77.5
	维吾尔族	13	0.9	11.7	89.2
	彝族	5	0.3	4.5	93.7
	仡佬族	2	0.1	1.8	95.5
	壮族	5	0.3	4.5	100.0
	合计	111	7.4	100.0	
汉族及缺失		1379	92.6		
合计		1490	100.0		

正如我们在前文所述，民众对于社会主义核心价值观的整体共鸣效应积极，对于 24 字核心价值观均有很强的认同度。社会主义核心价值观作为各族人民的价值共识和价值观的"最大公约数"，凝聚着亿万民众的价值期盼，各民族对于其认同也趋于一致，汉族和少数民族中表示"会积极支持和响应"和"有时会响应"的占据绝大多数，这两个选项占各自群体中的比例合计均超过 90%，表示"说不清""不会响应"和"其他"的比例总计在各自群体中分别为 6.2% 和 3.5%，选择"不会响应"的人数更是寥寥无几，具体可以参看表 3-20。同样，对于我国积极培育和践行社会主义核心价值观，认为"非常重要，很有意义""重要，有意义"的分别在汉族和少数民族中占比 56.0%、38.9% 和 55.7%、43.5%，均占绝对优势。由此也可看出，我国各民族对于社会主义核心价值观的共鸣效益整体趋于一致。

表 3-20　各民族对倡导富强、民主、文明、和谐，倡导自由、平等、公正、法治，倡导爱国、敬业、诚信、友善，积极培育和践行社会主义核心价值观的态度

民族	人数及占比	会积极支持和响应	有时会响应	说不清	不会响应	其他	合计
汉族	人数（人）	1008	246	69	8	5	1336
	百分比（%）	75.4	18.4	5.2	0.6	0.4	100.0
少数民族	人数（人）	103	8	3	1	0	115
	百分比（%）	89.6	7.0	2.6	0.9	0.0	100.0
合计	人数（人）	1111	254	72	9	5	1451
	百分比（%）	76.6	17.5	5.0	0.6	0.3	100.0

3.3.8　其他具体方面的分析

具体来看，民众热爱祖国，希望国家富强，并有相应的使命感。这在对于"国家兴亡，匹夫有责"的调差结果中可以明显看到，有高达 67.9% 的人表示"非常认同"这一观点，还有 24.9% 的人选择"比较认同"，两者比例共计高达 92.8%，具体参见图 3-3。这体现民众对自己国家的一种积极和支

持的态度，希望自己的祖国繁荣富强，并认识到这也是自身不可推卸的责任。我国民众的这种爱国意识和对于自己国家的深厚情感，是中华民族几千年来的文明积淀，是中华民族的宝贵精神财富所在。这影响了一代又一代的中华儿女，在当代中国民众中依然具有非常高的认同度。

　　和谐是中国特色社会主义的本质属性，其包含人与人、人与社会和人与自然几个层面的和谐。从调查来看，民众对这个几个方面有很高的认同度，从图 3-4 中可以看到，对于"要与他人、社会以及自然和谐相处"，有高达 71.0% 的民众表示"非常认同"，表示"比较认同"的人占 23.4%，而选择"说不清楚""不太认同"和"很不认同"的人所占比例极少。由此可见，民众对于社会主义核心价值观中的和谐理念是高度认可的。和谐是中国传统和合文化的批判继承与创新发展，中国传统文化中强调"和为贵""合则两利"，认为人顺家和才能万事兴，提倡与人为善、和睦共处，对我国民众的处世原则和交往理念产生了深远影响。有了中国优秀传统文化的不断滋养，才有助于社会主义核心价值观在汲取传统文化的思想精华和道德精髓的基础上，在民间赢得广泛共鸣。特别是我国致力于社会主义和谐社会建设，重视民生，促进公平正义，努力化解我国中国特色社会主义建设进程中的各类矛盾，增强了民众的和谐意识，提升了他们的认同感。同时，人们也越来越充分地认识到人与自然和谐共生的价值意义。不再将大自然仅仅视为征服和索取的对象。习近平总书记指出："环境就是民生，青山就是美丽，蓝天也是幸福。"❶随着近年来生态问题的凸显，人民群众对美好生态环境质量提升热切期盼，也更加认识到了要在保持生态平衡中促经济社会的可持续发展的重要意义。在这些历史文化因素、时代发展趋势和现实情况的综合作用，不断提升着民众对"要与他人、社会以及自然和谐相处"的认同，也使和谐理念不断深入人心。

---

❶　环境就是民生，青山就是美丽，蓝天也是幸福［N］.中国青年报，2015-03-07.

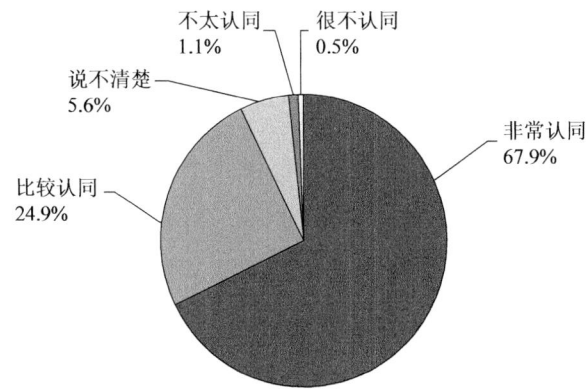

图 3-3 关于民众对于"国家兴亡、匹夫有责"看法的调查结果

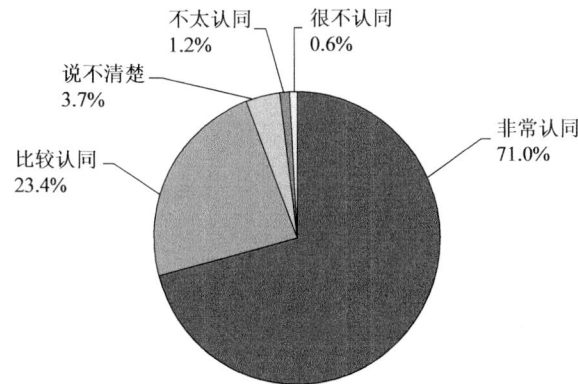

图 3-4 关于民众对于"要于他人、社会以及自然和谐相处"的看法的调查结果

第4章 社会主义核心价值观民间共鸣的影响因素分析

4.1 社会主义核心价值观的时代机遇与挑战

4.1.1 新时代的契机

党的十九大报告做出了一个令人振奋的重大论断：中国特色社会主义建设进入了新时代。改革开放以来，我国人民在党的领导下，沿着中国特色社会主义道路坚定前行，在中国特色社会主义的建设中取得了巨大成就，经济实现快速、健康发展，社会各项事业成绩喜人，国力也不断增强。中国经济社会发展的日新月异和切实可感的物质文化生活条件的改善，更加坚定了我国民众对于中国特色社会主义道路、理论、制度和文化的自信，也使民众真实感受到了国家富强、民族振兴和自身幸福之间的紧密关系，激发起了民众对于国家富强的强烈意愿。这从图3-3中的调查结果中，关于民众对"国家兴亡，匹夫有责"这一观念高度认可中可以很好得到印证，在1490名调查对象中，选择"不太认同"和"很不认同"的寥寥无几。再加上近代中国曾遭受三座大山的压迫，国家贫穷落后，人民遭受苦难，使得中国人民更加珍惜来之不易的幸福生活，更加迫切地希望实现国家富强和民族复兴，以更好为人民的幸福生活提供坚强保障。这使得民众对于国家的富强和民族的复兴十分期盼，他们热爱祖国，并认可时代所赋予中国公民在民族复兴中所应承担的责任。这也是在调查中问及"我国在哪一个方面取得进步感到最为高兴"

时，高达 46.1% 的民众选择"富强"的重要原因，具体数据可参见表 3-8。可见，新时代为增强民众对于社会主义核心价值观的信心与践行热情，创造了良好的环境与条件。

在新时代，民众向往和追求更多层次、更高水平的美好生活，这不仅表现为物质层面的更高要求，同时也体现在民主、法治、公平、正义、社会和谐、食品安全与生态环境等各方面要求的与日俱增，更表现为精神和价值层面的成就感与自我价值实现等更高层次的要求。

2020 年实现全面建成小康社会的目标已在眼前，中国人民的物质生活更为殷实和富足。我国人民在不断摆脱物质困扰的同时，必将会更加关注更高层次的精神需要。随着人民日益增长的美好生活需求与不平衡不充分发展之间的矛盾成为新时代的主要矛盾，城乡不平衡、区域不平衡和社会成员之间的发展差距、收入差距和财富差距等不平衡问题也越发凸显，新时代将致力于解决这些不符合中国特色社会主义本质要求的问题，并在新时代更易引起民众的关心，这也是民众强烈希望维护社会公正，对破坏公正的人和事最为反感的最主要原因之一。在新时代，正如习近平总书记指出的："我们要在继续推动发展的基础上，着力解决好发展不平衡不充分问题，大力提升发展质量和效益，更好满足人民在经济、政治、文化、社会、生态等方面日益增长的需要，更好推动人的全面发展、社会全面进步。"[1] 在新时代，随着平衡发展的进一步推进、各方面差距缩小，民众也将更好共享新时代的发展成果，他们对于社会主义核心价值观的认同也将会随着社会的全面进步而得到进一步提升。

随着中国特色社会主义进入新时代，我国前所未有地走近了世界舞台的中央，在价值观领域的话语权也不断增大，同时也能为社会主义核心价值观的民间共鸣创造良好的国际话语环境。随着我国经济社会的发展，在我国经济"走出去"的同时，当代"中国价值"和"中国主张"也越来越被外界所

---

[1]　习近平：决胜全面建成小康社会 夺取新时代中国特色社会主义伟大胜利——在中国共产党第十九次全国代表大会上的报告 [N]．人民日报，2017-10-28.

认知，话语权也在增大。文化是一个国家、一个民族的灵魂，中华民族要崛起和复兴，必定不会只停留于物质层面的复兴与强大，同时必须在文化上、精神上展现出强大的力量。习近平总书记指出："提高国家文化软实力，要努力传播当代中国价值观念。"❶当前，各国在文化领域的激烈竞争，实质上是价值观的较量，也可以说是一场人心争夺战。从这个意义上看，新时代中国文化上的不断强大和崛起的过程中，必然需要社会主义核心价值观不断增强影响力与阐释力，冲击价值观领域的制高点，提升社会主义核心价值观在国际上的话语权。中国加强社会主义核心价值观的建设，提升当代中国价值观念的国际影响力与吸引力，使其更好地被国际社会所认知和认可，是努力建构起与当前中国国际地位与经济实力相匹配的价值观话语体系的必然要求。

同时，从国内视角看，这也这有助于在我国人民群众中形成广泛的价值共识，凝心聚力共同致力于伟大复兴的中国梦的实现。特别是在当前我国社会转型之际，面对多元价值观的碰撞与冲突，西方国家意图通过精心包装的西方话语来阐释和解读中国的改革与发展，意欲将西方所谓的普世价值混入当代中国倡导的核心价值之中，以消解我国倡导的主流价值观在民众中的话语权与影响力，从而扰乱我国民众的思想，干扰人们进行科学的价值判断和选择，对我国民众齐心协力共建社会主义现代化强国提出了严峻的挑战。当前，国际上各种思想文化激烈交锋，其从实质上看是价值观念上的争锋。在价值观念领域里，话语权之争异常激烈，西方国家凭借其在话语传播中的信息技术等方面的优势，竭尽全力抢占价值观领域的高势位，将自身的价值观宣扬为普世价值并以此名义向其他国家进行"价值观营销"，并在价值观领域里意图控制和垄断相关的定义权和解释权，极力维护其在价值观上的话语霸权。在这样的态势下，提出社会主义核心价值观，将这一鲜明的中国价值标识推向世界，能使中国在国际社会上的形象更加鲜活、真实起来，能有效提高中国倡导的主流话语的国际热度和影响力，在把我国推向国际舞台中心的

---

❶ 习近平.习近平谈治国理政［M］.北京：外文出版社，2014.

同时，也有助于更好向民众阐明中国主张和中国价值，增强民众的价值自信。

新时代，随着中国经济社会的不断发展，使我们在向国际社会展示中国建设的成就，叙说中国的和平崛起、讲述中国惊天动地的发展奇迹的同时，也为更好地在价值观领域建立起相应的影响力奠定了良好的基础。通过宣传和建设这一具有鲜明中国特色的价值标识——社会主义核心价值观，发出明确的中国声音，阐释好中国特色，有助于在新时代更好地应对转型期的价值挑战，更好地消除民众价值观上的困惑，增强我国核心价值观的整合力以及民众的文化自信和文化自强意识，从而能更好地为中华民族的崛起和复兴提供价值指引和精神力量。

4.1.2　微时代"的机遇与挑战

近年来，"微"字大行其道，早在"2011 海峡两岸年度汉字评选"中，"微"便以 40 多万票独领风骚。❶微博、微信、微电影、微公益等"微"事物如雨后春笋般纷纷崛起，走进了普通民众的日常生活，"微时代"已向我们走来。在这个无"微"不至的时代，"微"事物已经深刻影响到了民众的价值取向。"微"事物对民众的思想观念和行为习惯产生了巨大的影响，社会主义核心价值观民间共鸣的实现需要应对更为复杂的舆论环境、文化环境与心理环境，社会主义核心价值观的传统传播方式出现了诸多困难。社会主义核心价值观如何准确把握"微时代"的特征及影响，不断改进和创新民间传播的方式和路径，以实现民间的有效共鸣，这是新时代社会主义核心价值观民间共鸣亟须解决的一个时代课题。

4.1.2.1　"微时代"的特征及其对社会主义核心价值观民间共鸣的挑战分析

在"微时代"下，众多力量微小的"微民"，通过微信、微博等传播媒介，进行着微小信息的快速传播，发出自己微小的声音，而这些微小的声音和力量在无组织状态下集结，最终会形成不可小觑的力量。"微时代"带来了

---

❶ 两岸年度汉字："微"［N］. 人民日报：海外版，2011–12–09.

信息传递的新变革，呈现出了许多新特征。在"微时代"，"微"是其核心特征。"微时代"之"微"，首先体现在所传播的信息的迷你性，其可以是简短的一句话，可以是张图片，还可为一个简单的表情符号。微电影在 30～300 秒这样的超短时内放映，微博则有 140 字的限制。"微时代"之"微"还体现在传播终端之微，进入"微时代"，随着无线网络的迅猛发展，手机、掌上电脑等更为微小、便捷的微终端也大行其道。"微时代"的信息传递具有即时性，人们可以通过手机 QQ、微信、微博等传播工具，随时随地晒生活、评社会，发布新鲜事件，信息内容即时滚动更新；而"微信息"的简短精练，则更进一步促进了信息的快速传递。

同时，在"微时代"，"去中心化"特征明显，通过简单注册便可拥有一个微平台，任何一个"微民"都可以成为信息的制作者和发布者，可以与自己需要的任何"信息源"联系，发出自己微小的声音。每个"微民"都可能是信息传送或接收的中心，信息已不再是单向转递，而是呈现双向结构与网状结构。此外，在"微时代"，每个"微民"都可以通过微平台表达和呈现自己，全民皆"微"，草根性很强，参与性很高，也更具互动性，还可以上传图片、语音与视频，真正实现"图文并茂"。

"微时代"给社会主义核心价值观民间有效共鸣的实现带来了诸多亟待解决的新难题。在"微时代"，面对海量信息，民众在信息选择时往往会被自己的兴趣所引导，喜欢与自己有相似想法的人交流互动。他们通过微信查找自己喜欢的公众号加以关注，在微信"朋友圈"里与有共同语言的人交流互动；微博上大家也会依据想法相似或趣味相投而类聚，一起关注喜欢的话题。这样就会形成许许多多有相似价值倾向或兴趣爱好的虚拟小群体，大家群聚于各自的小世界中"作茧自缚"，制造出一个个"信息茧房"。一些民众受此影响，只愿倾听和接受他们喜欢的信息，价值观上容易走极端，看问题易偏激，不愿倾听有异于他们的思想价值观点，与其他价值观念缺乏碰撞的机会。特别是当这样的虚拟群体通过群聊或者"意见领袖"的引导等形成消极的情绪与群体意识时，如果一些民众又长期深处其中，难免会给主流价值观的传授带来不少冲击。

同时，在"微时代"，人们可以通过微终端，更加充分地利用排队、候车、乘车等无聊与零碎的"垃圾时段"进行"微阅读"，但其在给人们带来便利的同时，也在无形中改变着人们的阅读心态，消解了人们深层阅读时所需的沉静心态。时间的琐碎使得人们没有耐心和精力来接受冗长的内容，而更为青睐一种"快餐式"的文化消费。一些民众沉迷于"微阅读"那种简单、低级的愉悦之中而难以自拔，在阅读时片面追求短、新、快，呈现出心绪浮躁及思维方式和思维水准狭隘化与浅薄化的倾向，而对深刻的哲学理论缺乏兴趣，不愿深入、系统的学习和接受主流价值观的内容，对价值观问题缺乏有深度的思考，在一定程度上增加了社会主义核心价值观民间传递和扩大话语权的难度。

此外，在"微时代"，信息的获取和传播变得更为便捷，但同时也带来了信息过载及信息污染等新问题，大量带有欺骗性与误导性的负面信息也被广泛传播，如果缺乏理论素养和价值判断力，容易被事物的表面现象所迷惑，在好奇心的驱使下会被这些负面的有噱头的信息所"俘获"，产生价值困惑，对主流价值观持怀疑心态，不利于民众积极向上的价值观的形成。

4.1.2.2　"微时代"与社会主义核心价值观民间共鸣的实现机遇分析

"微时代"给社会主义核心价值观民间共鸣的实现带来诸多亟须解决的新难题的同时，也为其在新时代的创新发展提供了新的契机。社会主义核心价值观只有结合时代发展的新特点，主动汲取"微时代"的创新元素，积极更新传播理念，不断创新话语体系，才能取得好的效果。

在"微时代"，小巧而便携的移动终端使得传播活动的范围大为拓展，进一步打破了时空上的局限性。"微时代"下社会主义核心价值观要努力突破传统传播和培育观念，不断拓展传播和培育的时空范围。例如，可以围绕社会主义核心价值观的有关要点，打造以微视频为核心资源的"微课堂"，为不同兴趣爱好的民众提供点播式服务。

同时，"微时代"为信息交流与情感沟通提供了更多的机会。可以通过积极融入民众的"微生活",做民众的粉丝,充分运用"朋友圈""关注""评论"等功能,更好地了解民众精神世界和生活工作上的"微""妙"变化。这既有助于改变传统社会主义核心价值观重灌输、轻情感沟通及培育中出现的情感缺失与"人学空场"的现象;又能及早掌握民众所关注的新鲜话题与热点问题,使社会主义核心价值观教育活动能更加贴近民众的实际,以更好把握民众的最佳共鸣点。

此外,"微时代"下,可以把各类"微行动"作为切入点,开展形式多样的体验型教育,努力改变传统价值观培育中过于注重传播而忽视了实践塑人的问题。"微环保"便是提倡从点滴做起的一种"微行动",可以引导民众积极参与节约一点水电、种植一棵小树、少扔一些垃圾等绿色环保"微"活动,用实际行动践行社会主义核心价值观,为"美丽中国"建设贡献自己"微小"的力量。当前流行的"微公益",同样是强调积少成多、从微不足道的公益事情着手去帮助人的"微行动"。从这些"微小"之处着手,从这些细处做起,充分发挥这类具有鲜明生活性与实践性的"微行动"来培育人,使他们在自己亲身参与的活动中,思想得到熏陶、价值认识得到提高和深化,是引导民众认同和践行社会主义核心价值观的有效路径。

4.1.2.3 "微时代"下社会主义核心价值观民间传播的着力点分析

社会主义核心价值观要结合"微时代"的新情况,在分析和把握"微时代"的基本特征及其对社会主义核心价值观民间共鸣所产生的有利和不利影响的基础上,积极的转变观念,努力探索相应的对策,以不断增强共鸣效应。

(1)要优化"微环境",重视"微熏染"。在"微时代",民众获取信息的渠道更为多元,书本、报刊和电视等不再是他们仅有的信息源,教育者不再是知识与真理的唯一代言者,民众可以凭自己的主观感受自由选择"言论导师"。民众所获取的"微信息",既可能是积极、健康、向上并能丰富与融入主流价值观的培育和践行中;也可能是游离于主流价值观之外,甚至是消极、颓废、有害的,而这无疑会消解社会主义核心价值观民间共鸣效果,甚至于一些民众会受此影响对社会主义核心价值观教育产生抵触情绪。在这样的环境条件下，必须优化"微环境"，通过润物无声、渗透感召来弘扬主流价值，结合培养民众中的"意见领袖"等方式努力唱响主旋律。要善于成为民众"微生活"中的思想引领者，微信、微博等网络新媒体是观察和测试民众心理和舆论走向的"温度计"，对于民众关注的新鲜话题和热点问题要敢于发言、善于发言，通过网上发言与问题探究相结合，与民众形成良性的互动，引领民众的思想朝着积极健康的方向发展，从而为社会主义核心价值观民间共鸣的实现创造出良好的"微环境"。

（2）善用"微平台"，传播"微理论"。在"微时代"，要把微讲坛、微电影、微论坛等作为当代中国主流价值观民间传递的重要平台。善于运用微媒介开辟各类"微专题"，结合民众实际开展形式多样的"微活动"，通过建设"微心育"开展网上心理健康的咨询与辅导等，积极拓展社会主义核心价值观的教育空间。同时，在崇尚高效与精炼的"微时代"，社会主义核心价值观要真正走进民众的"微生活"，需要建设和发展简短精练、内容新颖、感染力强、能迅速获得学生青睐的"微理论"。传统课本和课堂传授的内容是系统化与体系化的，而传播的"微理论"则是需要经过提炼的简洁明了的精华，其可以让浓缩的核心价值理念展现在民众面前，让他们在零碎和无聊的时段能够并乐于进行相关阅读，使他们在最短的时间内得到价值的引领和心灵的洗礼。

（3）"微时代"下社会主义核心价值观的民间传播要有新思维。当前，"我们正处在一个转换的时代——一个全新的交流时代正在代替老朽的、运转不灵的传播时代"❶。在这个以实时、互动、高效为主要特征的传播新时代，社会主义核心价值观的民间传播也只有积极转变思维方式，不断增强时代感和有效性，才能取到好的传播效果。"微时代"下的信息传播更具平等性、交互性和非中心性。只有积极突破传统教学模式和思维方式的束缚，改变传统意义上的权威式的传播关系和单向式的灌输教育，建立民主、平等的师生关系，采用互动、对话的宣传教育模式，引导民众积极地参与进来，让他们肯

---

❶ 谢尔·以色列.微博力［M］.任文科，译.北京：中国人民大学出版社，2010：97.

说、敢说，勇于表达自身诉求，进行双向沟通，这样才能更好地顺应"微时代"下形成的平等互动的新型沟通机制。在"微时代"，民众通过精炼的文字晒生活，表达和传递情感诉求，发表见解，他们的表达欲望被充分激发，个性被充分张扬。我国学者杨叔子指出："我们的教育失去了人，忘记了人有思想、有情感、有个性、有精神世界，就失去了一切。"❶在这样的环境条件下，"微时代"下的主流价值观建设就要更加关注民众的情感世界和个性发展，把民众看作有思想、有感情的活生生的主体，以适应"微时代"的发展和宣传教育观念的更新。

（4）"微时代"下要注重民众"微能力"的培养。在"微时代"，对于社会主义核心价值观的宣传教育者来说，不仅仅是"三个倡导"的传播者或知识体系的呈现者，还必须要重视培养民众发现和挖掘有价值信息的能力，承担起他们面对各种"微信息"时的价值判断、价值选择和思辨性的反应能力等"微能力"的培养职责，不断提升民众正确处理"微信息"的能力，使他们能以科学的辩证的态度和正确的价值理论指引去面对各类信息，而不会在海量"微信息"中迷失方向。要引导民众正确认识和运用微媒介，帮助他们形成科学的媒体观念。要引导他们养成良好的网络阅读习惯，避免沉迷于肤浅、无深度的网络阅读，使人们不浏览、不复制、不传播有害的微信息。引导民众多阅读思想性强、有哲理、有深度的信息，这样才能更好地避免不良信息对民众造成的负面影响，有助于他们在"微生活"中形成正确的世界观、人生观和价值观。

4.1.3　全球化的双重影响

随着现代信息、交通等方面技术的不断进步，各个国家、民族和地区间的相互联系、相互依存不断地加深，世界也正日益变成一个名副其实的"地球村"。全球化已成为当今世界发展的大趋势，这是一个不可抗拒的时代潮

---

❶　杨叔子.是"育人"非"制器"——再谈人文教育的基础地位［J］.高等教育研究，2001（2）.

流。马克思，恩格斯在《共产党宣言》中就"全球化"做出了预言，"不断扩大产品销路的需要，驱使资产阶级奔走于全球各地。它必须到处落户，到处开发，到处建立联系"，"资产阶级，由于开拓了世界市场，使一切国家的生产和消费都成为世界性的了"。❶ 随着全球化的不断推进，世界各国都将不可避免地或早或迟，或深或浅地被卷入到其中。从封闭走向开放，以积极主动的姿态走向世界，融入全球化的进程中去，实行开放、合作、共赢的对外战略，这是顺应时代发展的必然选择。

全球化是一个多维度的概念，横跨了人类社会的众多领域，而不仅仅是一个局限于经济方面的全球化。在全球化浪潮中，各个国家、民族、地区在政治、经济、文化、科技、军事、安全、意识形态、生活方式以及价值观念等各个层次、各个领域间都相互联系、相互制约，其必然也会对我国民众价值观的形成与发展产生巨大影响，全球化时代对于社会主义核心价值观民间共鸣的实现来说，既是机遇，也是挑战。

从挑战因素来看，在全球化时代，各种价值观激烈的交锋与碰撞，以美国为首的西方发达国家大肆宣扬其"普世价值论"等西方价值观念，并利用其在经济，以及信息技术等方面的优势，通过文化渗透的方式，进行文化扩张，制造话语陷阱，意图消解中国等新兴国家在价值观领域的话语权，扰乱了我国民众的价值判断，对社会主义核心价值观的民间共鸣带来了严峻挑战。西方国家往往以其在信息控制和话语领域的优势地位，意图掌控对自由、平等、公正这些重要价值观念的定义权和解释权，并以此作为规范和标准来要求其他国家，大肆进行价值观输出，力图将其转化为国际话语主流。例如，西方国家往往通过隐性的方式，将本国价值理念渗入到其他国家民众日常的休闲、娱乐和消费之中，以此来扩大他们的价值观在国际上的影响力，美国电影中的"蜘蛛侠""超人"和"美国大兵"等就传播着恒定的美国价值观，这些都给我国主流价值观的民间共鸣带来了巨大挑战。

---

❶ 马克思，恩格斯. 马克思恩格斯选集（第 1 卷）［M］北京：人民出版社，1995：276.

从积极层面看，全球化一方面能够促进不同地域、民族间的文化和价值观上的互动与交流，增进文明间的对话、相互了解与借鉴。在全球化背景下，当代中国主流价值观的培育与建设，在马克思主义理论指导下，能通过吸纳、借鉴世界文明优秀成果，在融合中不断丰富和完善自身，推进自身发展。社会主义核心价值观之所以能引发民众的广泛共鸣，是其以马克思主义的科学理论为基础，根植于中华五千年优秀传统文化的沃土之中，能够契合中国人民的思想、文化和心理需要；也在于其能积极吸纳人类文明的优秀成果，以更好地实现了历史性和时代性、世界性和民族性的辩证统一，使其既凸显了鲜明的中国特色和中国风格，又符合时代潮流的发展趋势，因而能够引发民众的广泛认同与积极响应。另一方面全球化打破了民族的局限性和区域的封闭性，能促使民众更好地把握世界文明走向，以更为开放、开阔的视野和发展的眼光去认识和评价事物，有助于进一步促使我国民众改变传统的封闭守旧意识，认同适应新时代社会发展所要求的主流价值观。

总之，全球化是一个客观、必然的发展趋势，无论其如何影响当代中国主流价值的民间共鸣建构问题，我国都应积极应对，在国际价值观的激烈交锋中不断提升中国在价值观领域的影响力，增进民众对于当代中国主流价值观的自信。

4.1.4　价值多元化的影响与应对

4.1.4.1　价值多元化及其对社会主义核心价值观民间共鸣的影响分析

在中华人民共和国成立后的相当长一段时期，我国价值观领域的一元特征十分鲜明，集体主义价值观是主导价值观，具有严肃性、权威性和纯洁性，不容挑战，不符合这一导向的价值观只能作为"潜流""暗流"存在，受到排斥，并缺乏传播渠道。辩证地看，坚持一元主导并非就一定要排斥多元发展，两者是辩证统一、相辅相成的，主导性源于多样性，但又高于多样性，制约、引领和整合多样性的发展。"缺乏多样性，主导性就会显得孤独和单一，成为不起作用的形式、教条"，"坚持马克思主义的指导，并不是用马克思主义的现成结论代替具体事物的发展与研究，也不是用马克思主义理论剪裁丰富多彩的现实生活，而是用马克思主义的基本观点、立场和方法来分析问题、解决问题"。❶在过去价值一元化语境下，集体主义精神空前高涨，共产主义理想和大公无私精神统摄着人们的价值追求，这在起到捍卫社会主义意识形态主导性的同时，忽视了对多样化的价值诉求和精神需要的满足，缺乏缤纷多彩的价值追求。

随着改革开放的不断深化和市场经济的深入发展，社会结构剧烈变动，利益格局日益多元，思想文化领域也呈现出了多样化与复杂化的发展趋势，价值领域一统化的格局也被打破，在更为开放、包容的新环境下，民众价值观念的独立性、选择性、多变性和差异性愈发明显，其在活跃民众的思想，促进价值观念上的交流与碰撞，给思想文化领域带来巨大活力的同时，也导致我国主流意识形态被严重冲击，弱化了民众对主流价值观的关注和认同，导致不少民众陷入了价值困惑和理想迷失之中。

表 4-1　关于民众对于"有钱能搞定一些"看法的调查结果

效果	选项	人数（人）	百分比（%）	有效百分比（%）	累积百分比（%）
有效	非常认同	110	7.4	7.6	7.6
	比较认同	214	14.4	14.8	22.4
	说不清楚	271	18.2	18.7	41.1
	不太认同	485	32.6	33.5	74.6
	很不认同	367	24.6	25.4	100.0
	合计	1447	97.1	100.0	
缺失	漏填、错填、不愿填等造成的缺失	43	2.9		
合计		1490	100.0		

从表 4-1 中也能看到，大多数民众对于"有钱能搞定一切"持反对态度，调查对象中表示"不太认同"和"很不认同"的人有效百分比分别占了 33.5% 和 25.4%，两者合计占了 58.9%，虽然明显高于支持态度的"非常认同"和

---

❶ 郑永廷，等.思想政治教育学原理［M］.北京：高等教育出版社，2016：240.

"比较认同"的 7.6% 和 14.8%，但后两者的有效百分比之和仍有不可小觑的 22.4%。还有多达 18.7% 的人，在商品大潮与错综复杂思潮等因素的影响下，价值观变得模糊不清，对于表示"有钱能搞定一切"表示"说不清楚"，这些消极影响都需要引起重视。这一方面是我国仍处于社会主义初级阶段，劳动还是赖以谋生和满足其他各种需要的手段，这使得不少人不得不关注钱的问题。例如，在对 804 名农民工价值观的调查就显示，有 37.0% 的调查对象认为家庭生活的困扰主要在于"收入问题"，明显高于处于第二位的"自己事业发展前景"的 19.9% 和第三位"孩子教育问题"的 18.2%。❶ 这也使得不少人必须重视钱的问题。同时，不少人在市场经济大潮冲击和拜金主义潜移默化的影响和侵蚀下，迷失了价值标准，奉行金钱为上，不择手段，享乐之风滋长，而理想信念淡化，甚至于一些人将市场经济下的等价交换原则用于人际关系和社会关系，精于计算，不愿付出和奉献，不利于互相关心、互相帮助、和睦友善的社会风气的形成和社会主义和谐社会的建构，对社会主义核心价值观的民间培育和践行产生了十分消极的影响，对于市场经济下的这些负面消极因素需要引起重视和防范。

当前，我国仍处于社会转型期，价值观领域的新旧交替更为频繁，争斗更为激烈。中国几千年的传统价值观念正不断受到冲击与挑战，"趋同论""终结论""淡化论"这类西方非意识形态化思潮以及后现代主义等社会思潮借着全球化浪潮更是甚嚣尘上，使当今中国在价值观领域呈现出更为复杂的局面。从下面的表中可以看到，对于"人生就是一场游戏，不必太认真，玩玩就行"这种后现代主义游戏人生的态度，表示"非常认同"和"比较认同"的人数分别为占了有效百分比的 3.6% 和 5.9%，比例并不是很高。但有 12.2% 的人对此表示"说不清楚"，容易被其所迷惑。这类社会思潮模糊了价值评价标准，反对崇高和权威，受其影响极易会导致对主流价值观认同的弱化。具体的调查数据可见表 4-2。

---

❶ 陈昌兴.转型期中国农民工价值观研究［M］.北京：知识产权出版社，2016：72.

表 4-2　关于民众对"人生就是一场游戏，不必太认真，玩玩就行"态度的调查结果

效果	选项	人数（人）	百分比（%）	有效百分比（%）	累积百分比（%）
有效	非常认同	53	3.6	3.6	3.6
	比较认同	87	5.8	5.9	9.5
	说不清楚	176	11.8	12.0	21.5
	不太认同	486	32.6	33.0	54.5
	很不认同	669	44.9	45.5	100.0
	合计	1471	98.7	100.0	
缺失	漏填、错填、不愿填等造成的缺失	19	1.3		
	合计	1490	100.0		

同时，随着信息技术的不断发展和进步，主流意识形态的权威性进一步受到冲击。"作为后工业社会的标志之一，或者信息社会的标志之一，交互联网也许是后现代主义状态的最完美的说明书。"[1]在网上，民众可以与自己需要的任何"信息源"联系，任何人同时又都可以成为信息的制作者与发布者。在这个多元价值共存的无中心的虚拟世界中，权威淡化了，人们的思想多元了，这也在一定程度上淡化了民众对当代中国主流价值的认同。从表 4-3 关于民众"上网主要为了干什么"的调查结果也可明显看到，上网主要为了"打游戏、听音乐、看小说、漫画和电影，或是浏览各类网页，从时政热点到小道消息，再到趣闻逸事等什么都看"的人有效百分比占到了 40.3%，还有选择"购物"和"交交朋友、聊聊天"的分别占到 3.6% 和 9.1%。而选择"主要查资料的"和"为查找自身需要的信息"的分别占 25.4% 和 10.7%，选择"很少上网"和"其他"的有效百分比为 8.5% 和 2.5%。很多人在网络世界中自由翱翔，但却漫无目的，或是满足于游戏、音乐等娱乐性视听觉享受。选择查找资料，学习知识和及技能的比例仍然不高。网上各种信息良莠不齐，充斥着炫富、谩骂、暴力等不良信息，一个人如果长期沉醉于虚拟的网络世界，满足于网上嬉戏、调侃、玩世不恭的娱乐性视听觉享受，抑或是在虚拟的世界

---

[1]　易丹.我在美国信息高速公路上［M］.北京：兵器工业出版社，1997：48.

中逃避现实，肆意宣泄情绪，而忽视了在现实中对人生价值的积极追求，便极易会受到不良信息的影响而发生价值观的倾斜和错位，导致价值观紊乱和社会责任感弱化等问题，给社会主义核心价值观共鸣的实现提出了严峻挑战。

表 4-3　关于民众上网主要为了干什么的调查结果

效果	选项	人数（人）	百分比（%）	有效百分比（%）	累积百分比（%）
有效	查资料，学知识与技能	363	24.4	25.4	25.4
	购物	51	3.4	3.6	29.0
	交交朋友、聊聊天	130	8.7	9.1	38.0
	打游戏、听音乐、看小说、漫画和电影，或是浏览各类网页，从时政热点到小道消息，再到趣闻轶事等什么都看	576	38.7	40.3	78.3
	为查找自身需要的信息	153	10.3	10.7	89.0
	很少上网	121	8.1	8.5	97.5
	其他	36	2.4	2.5	100.0
	合计	1430	96.0	100.0	
缺失	漏填、错填、不愿填等造成的缺失	60	4.0		
合计		1490	100.0		

价值多元化对社会主义核心价值观民间共鸣的影响不可忽视。包容多元、尊重差异并非容忍和放纵跟社会主义核心价值观背道而驰的社会思潮不闻不问。特别是在当今世界的多元价值格局中，价值观领域依然是"西强我弱"。伴随着我国经济社会的发展和科技、军事等各方面实力的提升，我国的综合实力不断增强，在国际社会的影响力日益提高，西方国家必然会感受到来自中国价值观话语权上的诉求与压力。当前，西方发达国家竭力谋求和维护其"话语霸权"，对来自不同社会意识形态和社会制度的异质力量必然会进行话语压制。对于现在还处于弱势一方的中国来说，加强中国特色话语体系建设，反对西方话语霸权，以更好地摆脱西方的话语遏制，是当今中国必然要面对和解决的问题。因而，在多元化背景下必须注重社会主义核心价值观对各种

非主流思想的引领和整合，在多元中坚持主旋律，促进价值共识的形成。对于严重干扰和危害民众社会主义核心价值观认同的消极和腐朽思想需旗帜鲜明地进行抵制和斗争，以更好维护社会主义核心价值观在价值多元化语境下的话语主导权和影响力，不断提升民众的价值判断力和鉴别力，以更好避免民众受消极思想影响出现主流意识形态淡化、价值评价标准模糊不清，甚至于出现价值取向扭曲、漠视崇高、美丑不分等不良倾向，以更好地彰显社会主义核心价值观在民间的价值整合力、引领力和生命力。

4.1.4.2　价值多元化时代实现社会主义核心价值观民间共鸣的应对之举

（1）价值多元化时代要注重培养起我国广大民众的价值观自信。价值观自信是一种积极健康的心态，是我国人民对于当代中国价值观念发自于内心的肯定与相信。这是一种来自人民内部力量的确信，深信社会主义核心价值观一定能走向世界，在当前激烈的话语较量中赢得主动并最终能抢占国际价值观话语权的制高点。对于社会主义核心价值观的自信，并非是盲目的"自负"，也要看到当前依然存在的"西强我弱"的国际话语格局，以及要面对西方发达国家依托经济、信息技术进行价值观输出的巨大挑战。这种自信是一种面对挑战依然充满信心，不自我矮化和搞西方话语崇拜，不以西方的价值标准来要求和衡量中国。这种自信，既是一种对于当前国际话语激烈交锋中定能扭转"西强我弱"的话语格局并不断扩大影响力的坚定信念，也是一种实践要求，需要我国人民通过自信地宣传，自信地践行，来推进大家深信不疑的目标的实现。有了这样的自信，才会更具勇气和力量担当新时代的使命与重任，促进社会主义核心价值观建设。

（2）价值多元化时代还要关注如何有效提升社会主义核心价值观在民间复杂思想和多元价值参照体系中的领导权、支配权和权威性，以不断增强社会主义价值观在民间的影响力、凝聚力和导向力。

面对纷扰的思潮和多样价值参照体系对社会主义核心价值观民间话语权威的消解，以及新媒体技术下民间舆论场的发展壮大，急需通过相应努力来有效提升社会主义核心价值观在民间复杂思想和多元价值参照体系中的领导权、支配权和权威性，而这又涉及方方面面。首先，从传播主体来看，可以通过培育广泛的民间传播和践行主体，来引导民间价值取向，其可以是党和政府，也可以是民间组织或非官方群体，还可为普通民众。还要关注民间传播主体是否具在民众中具有权威并能让民众信赖。同时，还要通过主动设置话语议程、积极拓展民间传播平台、创新民间表达方式、完善民间反馈机制、优化民间价值引领环境等多方面着手，来不断提升社会主义核心价值观对民间价值取向的引导力。

4.2　历史文化心理因素

从历史文化逻辑看，中华优秀传统文化的魅力是当代中国主流价值观念能够获得民间共鸣的深厚土壤。英国著名思想家罗素曾说道："中国至高无上的伦理品质中的一些东西，现代世界极为需要。"❶中华优秀传统文化是我国传统文化中历经几千年所积淀的精华，是涵养社会主义核心价值观的重要源泉。中华民族优秀传统文化尚和合、讲诚信、重友善，主张"以和为贵"，倡导"与人为善"，看重"一诺千金"。这些积淀着中华民族几千年来的价值追求，已潜移默化地渗透到我国广大人民群众日常生活的各个方面，对我国民众的思想与行为产生了巨大影响，是中华民族走向复兴的宝贵精神财富，对当今中国的发展仍然有着深刻的影响。从表 4-4 中的调查数据中也可以看到，对于"以和为贵"，民众表示"非常认同"和"比较认同"的有效比例分别高达 70.6% 和 25.3%，选择说不清楚的只有 2.9%，而表示"不太认同"和"很不认同"的更是寥寥无几，具体可见表 4-4。对于传统文化中的这些思想观念，民间有着很好的认同基础。当代中国价值观念是中华优秀传统文化的创造性转化与发展，其作为中华优秀传统文化的当代价值形态和价值表达，无疑具有深厚的历史根基和丰富的人文底蕴。社会主义核心价值观也正是具备了这样的根基与底蕴，才更具价值观上的自信和底气，才能跨越时空，实现

---

❶ 伯特兰·罗素.中国问题［M］.秦悦，译.上海：学林出版社，1996：167.

创新转换，在新时代展现自身的巨大魅力与吸引力，实现自身在民间的广泛传播，不断扩大民间的话语影响力。

表 4-4　关于民众对于"以和为贵"看法的调查结果

效果	选项	人数（人）	百分比（%）	有效百分比（%）	累积百分比（%）
有效	非常认同	1045	70.1	70.6	70.6
	比较认同	374	25.1	25.3	95.9
	说不清楚	43	2.9	2.9	98.8
	不太认同	9	0.6	0.6	99.4
	很不认同	9	0.6	0.6	100.0
	合计	1480	99.3	100.0	
缺失	漏填、错填、不愿填等造成的缺失	10	0.7		
合计		1490	100.0		

4.3　责任主体因素层面

在社会主义核心价值观民间共鸣生成中，其不仅需要党和政府的顶层设计以及自上而下的大力推动和倡导，也需要明确各方责任，形成协同机制，并长期坚持不懈。各责任主体是否积极主动并协调一致共同推动社会主义核心价值观的民间培育和践行，会对民众社会主义核心价值观的共鸣效应的实现产生巨大影响。

企业是民众生产工作的重要场所，在推进社会主义核心价值观民间生成中责任重大。美国社会学家英格尔斯（Alex Inkeles）十分关注生产工作环境在人们价值观生成中的意义。他在研究中发现，现代工厂的组织和操作形式体现为一系列的现代工业原则，对于这些原则，在工厂中生产生活的人们并非表现为"混乱的招架"，抑或是消极的"防卫"，而是积极地认识和接受相关生产规则和生产秩序，并"以之作为行为的规范"。他认为，工厂中的人适应并参与工厂活动的过程，也是他们获得价值观的过程。❶ 因而，企业要

---

❶　殷陆君 . 人的现代化［M］. 成都：四川人民出版社，1985：108-109.

自觉将社会主义核心价值观融入其文化建设和生产活动中，融入到企业精神、经营理念、生产规程和生产秩序中，不断强化社会主义核心价值观的民间影响力和渗透力，让社会主义核心价值观成为企业和员工自觉遵循的行为准则，使员工在企业诚信经营、爱岗敬业的良好氛围中，在生产服务的实践中感知、体会、认同社会主义核心价值观，使其成为员工的普遍共识与价值追求。

家庭和学校也要担负起责任。人生的扣子从一开始就要扣好，而父母是孩子的首任老师，在社会主义核心价值观民间共鸣的生成中起着极为重要的作用。在一个家庭中，父母和子女间具有天然生成的极为亲密的血缘和亲缘关系，这也使父母的情感、态度和价值观对子女有着强烈的感染作用。加上父母与子女朝夕相处，相互之间非常了解，更能以情通情，子女对于父母的言传身教往往能心领神会，因而父母的价值取向会极易对子女产生深刻影响并引起子女的共鸣。学校则是开展系统思想道德教育、培育社会主义核心价值观的主阵地。在学校的课程教学、科学研究和社会服务中，都需要注重把社会主义核心价值观渗透其中。特别要着重强化校园文化建设，把社会主义核心价值观融入学校优良的办学传统、严谨的校训校规，以及多彩的校园活动等方方面面，让生活、工作和学习于其中人在潜移默化中感受、认同我国社会所提倡的或学校所宣传的价值观念，告诉他们什么可以做、什么值得做，使社会主义核心价值观更好地在学校凝聚共识，升华情感，引发共鸣。

在社会主义核心价值观民间共鸣中，广大民众也要自觉承担起自身的责任。在社会主义核心价值观民间共鸣中，广大民众不只是等待触发共鸣的对象，更是积极的参与者，是责任主体。社会主义核心价值观民间共鸣的实现，离不开民众的积极参与、倡导和实践。民众要自觉体认社会主义核心价值观，将其作为自身的一种踏实、坚定的价值追求，积极澄清模糊认识，用自己爱国敬业、诚信友善、崇尚正义等方面的实际行动，来影响和感化周边更多的人，激发他们对社会主义核心价值观的践行热情，一起从中获取前行的力量，为社会主义核心价值观的民间共鸣和最终的落地生根创造良好的氛围。

　　总而言之，这是一个系统工程，既需要党和政府的推动和倡导，也需要企业、学校、家庭和民众等各方面的积极参与、协同推进。只有这样，才能更好促进社会主义核心价值观民间共鸣的生成。

4.4　实践层面

　　从实践层面看，中国特色社会主义的成功实践和巨大成就是社会主义核心价值观能够赢得民间共鸣的实践根基。我国在中国共产党的领导下，实现了当代中国建设的巨大成就和综合国力的不断提升。中国经济、科技发展和军队现代化建设等方面的巨大成就，更加确证了中国道路、中国理论和中国制度安排的科学性和价值意义，并大大增强了其在国际社会的说服力与吸引力，民众对作为当代中国道路、理论、制度和文化的价值表达的社会主义核心价值观，表现出强烈的关注和认同，这无疑有助于推进社会主义核心价值观的民间认同，大大扩大其民间影响力。特别是在以习近平总书记为核心的党中央的带领下，中国不断深化改革，破解发展中的难题，在社会主义建设中取得了巨大成就，中国特色社会主义进入了新时代。这也使得越来越多的民众认同中国发展的价值内涵和价值目标，有力地促进了"三个倡导"在民间话语权的生成。

　　同时，随着改革开放的深入发展、社会主义市场经济体制的不断完善和全面依法治国的持续推进，市场经济条件下的竞争环境打破了传统社会那种安于现状、追求中庸的状态，民众的平等观念、法治精神与权利义务意识不断增强。从表 4-5 关于民众是否会"珍惜并认真行使自己的选择权利"的调查结果中可以看到，表示"非常认同"的人有高达 60.5% 的有效百分比，还有 30.4% 的人表示"比较认同"，两者的有效百分比之和占有明显的优势，表示"说不清楚"的有效百分比只有 7.6%，而选择"不太认同"和"很不认同"两者的更少。

表4-5　关于民众是否会"珍惜并认真行使自己的选择权利"的调查结果

效果	选项	人数（人）	百分比（%）	有效百分比（%）	累积百分比（%）
有效	非常认同	896	60.1	60.5	60.5
	比较认同	450	30.2	30.4	90.8
	说不清楚	112	7.5	7.6	98.4
	不太认同	18	1.2	1.2	99.6
	很不认同	6	0.4	0.4	100.0
	合计	1482	99.5	100.0	
缺失	漏填、错填、不愿填等造成的缺失	8	0.5		
合计		1490	100.0		

随着我国人民民主权利的保障工作不断取得新进展，能够更切实、真实维护广大人民的民主权利，广大人民群众在社会主义建设和社会治理的参与中主人翁意识和民主参与意识在不断增强，他们大多珍惜这来之不易的民主权利，表示会"认真行使自己的选择权利"。这些都为社会主义核心价值观民间共鸣的实现创造了十分有利的条件。

4.5　制度建设、法治实践、政策导向和社会环境等方面的影响因素

社会制度与社会主义核心价值观建设有着紧密的内在逻辑关联，社会主义核心价值观是对中国特色社会主义制度的价值表达，展现了我国制度安排的内在价值。而中国特色社会主义制度在弘扬人民民主、促进社会和谐、维护公平正义以及保障人民享有充分的自由和权利等方面具有明显的制度优势，能为社会主义核心价值观的民间培育和践行提供坚实的制度保障。

社会主义核心价值观民间共鸣的实现，既需要重视软引导，善于运用道德的力量，协商的办法，来实现基于认同的力量所形成的软性约束；也需要通过将社会主义核心价值观的内在要求融入制度设计、法治实践、政策导向中，将社会主义核心价值理念的内在要求转化为制度安排、法治建设层面的硬性约束。在党的领导下，全面依法治国不断推进，中国特色社会主义法治

建设不断取得新成果，民众的法治意识也不断增强。在关于学习法律知识很重要的调查问卷中，选择"非常认同"的人数占调查人数有效百分比达到了66.5%，所占比例非常高。还有 27.7% 的人对于"学习法律知识很重要"表示"比较认同"。可见，绝大多数民众已意识到法治建设的重要性，并赞同学习法律知识。剩下分别占 4.3%、0.9% 和 0.6% 有效百分比的人对"学习法律知识很重要"持"说不清楚""不太认同"和"很不认同"的态度，所占有效百分比很小。这一发展态势对社会主义核心价值观民间共鸣十分有利，具体数据见表 4-6。

表 4-6　关于民众对于"学习法律知识很重要"看法的调查结果

效果	选项	人数（人）	百分比（%）	有效百分比（%）	累积百分比（%）
有效	非常认同	980	65.8	66.5	66.5
	比较认同	409	27.4	27.7	94.2
	说不清楚	63	4.2	4.3	98.5
	不太认同	13	0.9	0.9	99.4
	很不认同	9	0.6	0.6	100.0
	合计	1474	98.9	100.0	
缺失	漏填、错填、不愿填等造成的缺失	16	1.1		
合计		1490	100.0		

"软硬结合"，双管齐下，才能协调、高效地推进社会主义核心价值观民间共鸣的实现。如果在制度安排、法治实践，以及公共政策等方面存在与社会主义核心价值观的内在要求不一致，抑或是违背核心价值观的行为不能受到制度和法规的有效制约，极易会使民众陷入困惑，影响民众的价值判断，甚至于会影响到民众对核心价值观培育、法治建设、制度设计的信心。因而，社会主义核心价值观的民间培育和践行，要重视与制度建设、法治实践相结合，这样才能更好地使社会主义核心价值观为广大民众所认同，逐渐转化为民众的内在信念，成为他们自觉的实践要求和价值追求，才能在民间更好彰显强大的生机与影响力。

伴随着中国特色社会主义伟大实践的不断推进，中国特色的核心价值观建设也越来越受到各界的关注和重视。在党的十六届六中全会上，便已提出要"建设社会主义核心价值体系"。在对社会主义核心价值体系经过不断提炼和概括的基础上，在党的十八大报告中，从国家、社会、个人三个层面，对社会主义核心价值观做了概括。在社会主义核心价值观提出之后，中央文明委印发了《关于推进诚信建设制度化的意见》，中共中央办公厅、国务院办公厅又于 2016 年年底印发了《关于进一步把社会主义核心价值观融入法治建设的指导意见》。这些政策文件和指导意见为社会主义核心价值观的民间培育和践行进一步提供了很好的制度配套和政策保障，有助于在各项制度设计与法治实践中更好体现价值导向，推动运用法律法规和公共政策向社会传导正确价值取向。通过制度、政策与社会主义核心价值观的一体化建设，能为实现社会主义核心价值观的民间共鸣提供法理支持和制度、政策保障，能更好地让社会主义核心价值观成为民众的一种习惯与自觉的行动。

同时，社会环境影响社会主义核心价值观民间共鸣的实现。广大民众价值观的形成会受到其所处的环境的影响。让民众长期受良好环境的影响和熏陶，人生经历中有更多互相关爱、美好温馨、充满和谐等方面的情感体验和感悟，则无疑有助于更好唤起他们有关和谐、诚信、友善等核心价值理念方面的美好记忆，促发他们强烈的情感共鸣。反之，当周边的人以不诚信行为获利，而守信者却遭受损失时；当爱岗敬业被人认为是"因循守旧"、团结互助被视为"别有用意"、诚实守信被嘲讽为"太过迂腐"时；这些必然严重影响民众的价值判断，造成民众心理失衡，甚至于一些人长期受到不良现象刺激，错误的思想与行为被强化了，价值观严重扭曲，严重干扰了社会主义核心价值观的民间共鸣效应的生成。例如，从表 4-7 中，关于对于"做一个诚实的人"看法的调查结果中可见，大多数人认为"这是人之为人的基本品格，应该坚持这样做"，占到了 69.8%，而认为"在当前做一个诚实的人没有意义，还会被嘲笑太老实"的只占 0.7%。有 13.9% 人认为应该这样做，却担心"做诚实的人有时会吃亏"，还有 15.3% 的人选择"老实人容易吃亏"。

表 4-7　关于民众对于"做一个诚实的人"看法的调查结果

效果	选项	人数（人）	百分比（%）	有效百分比（%）	累积百分比（%）
有效	这是人之为人的基本品格，应该坚持这样做	1038	69.7	69.8	69.8
	应该这样做，但做诚实的人有时会吃亏	207	13.9	13.9	83.7
	具体情况具体分析，老实人容易吃亏	228	15.3	15.3	99.0
	在当前做一个诚实的人没有意义，还会被嘲笑太老实	10	0.7	0.7	99.7
	其他	5	0.3	0.3	100.0
	合计	1488	99.9	100.0	
缺失	漏填、错填、不愿填等造成的缺失	2	0.1		
合计		1490	100.0		

　　一个人的价值观总是在一定的社会环境影响下形成与发展起来的，对一定事物的价值判断与价值选择都是在一定的环境中进行的。如果不促进有利于弘扬社会主义核心价值观的良好社会氛围的形成，会导致部分民众为应对不利外在因素影响而采取趋利避害的妥协与逃避等行为。这不利于社会主义核心价值观民间培育和践行的实现。

　　马克思说："人创造环境，同样环境也创造人。"❶ 社会环境对民众价值观的影响并非一成不变的，而是会变化、能优化的，具有动态性的特征。影响社会主义核心价值观民间共鸣的现代社会环境因素多样且多变，其既包含社会物质环境，也包含社会精神环境。从物质层面看，当今中国，经济社会和科学技术日新月异，民众的物质生活条件不断改善，民众通过这些切实可感的物质体验，能更好感受到国家日渐富强；通过美丽中国建设，治理环境污染，能让民众更好地感受到人与自然之间的和谐；微时代和大数据时代的现代设备和信息技术进步，对社会主义核心价值观民间培育和践行氛围的营造

---

❶　马克思，恩格斯 . 马克思恩格斯选集（第 1 卷）[M] . 北京：人民出版社，1995：92.

产生了深刻影响，如此等等。从社会精神层面看，社会精神面貌、社会舆论、社会风气与社会风俗习惯等都会影响民众的价值选择和判断，通过营造良好的社会风尚和社会舆论环境，形成有助于弘扬主流价值的良好舆论导向和利益机制，能使背离我国社会主流价值的行为受到制约，有助于充分激发民间对于社会主义核心价值观的践行热情。

因此，必须强化制度建设，完善奖惩机制，做好民间道德土壤的净化工作。需加大对背离社会主义核心价值观要求的失范行为的约束性惩罚，让尝试挑战道德底线、背离社会主义核心价值观要求的人在"博弈"中深切体会其不良言行给他们带来的巨大风险和高额成本，让民众坚信崇德向善是社会常态。在这样一种弘扬正气、褒扬先进的良好环境下，民间积极践行社会主义核心价值观的言行才能更好得到支持与赞扬，也有助于鼓励和感召更多民众自觉参与和践行社会主义核心价值观，使社会主义核心价值观最终能在广大民众中激起更加强烈与有效的共鸣。

4.6　社会主义核心价值观民间共鸣的群体内部影响因素

不同性别、职业、出生年代和文化程度的民众，由于他们的知识积累、关注点、生活经验以及他们对于社会主义核心价值观的接受能力、接受方式等各方面的不同，会使他们对社会主义核心价值观各层面的共鸣效应也会呈现出各自的一些特点。

4.6.1　年龄因素分析

出生于不同年龄阶段的群体，成长环境和生活条件会所有差异，他们的兴趣点和关注点也会有所不同。正如在前面表 3-17 中关于民众了解社会主义核心价值观最主要的途径的调查结果中所看到的，不同群体在社会主义核心价值观主要接受方式方面表现出了很大的差异，"90 后"和"00 后"以"书本、课堂、学习培训等"为最主要途径来了解社会主义核心价值观，1970 年前、1970—1979 年及 1980—1989 年这三个年龄阶段出生的人了解社会主义核心价值观最为主要的渠道则是电视和报纸这些传统媒体。

同时，随着年龄的增长，人们的见识和阅历也会增长，看问题的视角、对外部世界的认识，也不断在调整。这些因素都会使出生不同时代的群体对社会进步的期待和对违背社会主义核心价值观的容忍度会有所不同，对社会主义核心价值观的认知和感受、在社会主义核心价值观的共鸣点上也会有所差异。

表 4-8　你最喜欢看以下哪类电视节目？

选项	人数及占比	出生年代					合计
		1970 年前	1970—1979 年	1980—1989 年	1990—1999 年	2000 年后	
有深度、有哲理的节目	人数（人）	8	19	34	66	36	163
	百分比（%）	8.1	11.2	11.8	13.8	9.8	11.6
与自己所从事的工作有关的节目	人数（人）	2	6	10	13	6	37
	百分比（%）	2.0	3.6	3.5	2.7	1.6	2.6
情感类节目	人数（人）	3	6	14	29	28	80
	百分比（%）	3.0	3.6	4.8	6.1	7.7	5.7
其他	人数（人）	0	6	3	9	28	46
	百分比（%）	0	3.6	1.0	1.9	7.7	3.3
战争、武打动作类节目	人数（人）	24	26	33	61	37	181
	百分比（%）	24.2	15.4	11.4	12.8	10.1	12.9
休闲娱乐类节目	人数（人）	5	16	64	164	135	384
	百分比（%）	5.1	9.5	22.1	34.4	36.9	27.4
饮食、健康等生活类节目	人数（人）	14	26	39	28	36	143
	百分比（%）	14.1	15.4	13.5	5.9	9.8	10.2
法制、教育类节目	人数（人）	11	21	40	28	12	112
	百分比（%）	11.1	12.4	13.8	5.9	3.3	8.0
经济财经类节目	人数（人）	2	3	9	4	0	18
	百分比（%）	2.0	1.8	3.1	0.8	0	1.3
新闻时政类节目	人数（人）	29	33	28	25	5	120
	百分比（%）	29.3	19.5	9.7	5.2	1.4	8.6
科学技术类节目	人数（人）	1	4	5	34	26	70
	百分比（%）	1.0	2.4	1.7	7.1	7.1	5.0
体育类节目	人数（人）	0	3	10	16	17	46
	百分比（%）	0	1.8	3.5	3.4	4.6	3.3
合计	人数（人）	99	169	289	477	366	1400
	百分比（%）	100.0	100.0	100.0	100.0	100.0	100.0

从表 4-8 中，关于不同出生年代的人群喜欢看哪里节目的调查结果可以反映出，各个群体的关注点和兴趣点呈现出较大差异。1970 年前、1970—1979 年、1980—1989 年、1990—1999 年和 2000 年后这几个出生年代的群体，选择"新闻时政类"作为最喜电视节目的人数在各自群体中分别占 29.3%、19.5%、9.7%、5.2% 和 1.4%，出现了明显的递减趋势。1970 年前以及 1970—1979 年出生的人群喜欢看新闻时政类节目的比例较高。一些老人表示他们以前通过电视和报纸了解时政，同事、朋友和邻居间也会讨论时政。现在随着网络信息技术的进步，他们也有更多渠道看新闻，获得更多时政信息，来了解天下大势和国家大事。"90 后"和"00 后"的中小学生群体，对于世界局势和当今国内时政关注还需加强，一方面，他们学习任务繁重，另一方面，有些学生关心时政还是出于功利的应试目的。青少年不能闭门读书，如果"两耳不闻窗外事"，就不利于将自身的学习与国家的发展、民族的振兴以及人民的幸福事业相结合。因而，要引导青少年关心时政，眼光长远，善于把个人的价值追求融入国家、民族和人民的事业中，以促进青少年社会主义核心价值观共鸣效应的更好实现。

相对于时政新闻，青少年更喜欢休闲娱乐类节目，从表 4-8 中很容易看出，1970 年前、1970—1979 年、1980—1989 年、1990—1999 年和 2000 年后这几个出生年代的群体，选择"休闲娱乐类"作为最喜电视节目的人数在各自群体中分别占 5.1%、9.5%、22.1%、34.4% 和 36.9%，"休闲娱乐类"节目是青少年最喜欢的。青少年一方面要学习，另一方面他们喜欢玩耍，喜欢休闲娱乐，爱蹦蹦跳跳。因而，对于青少年，要善于将社会主义核心价值观的培育和践行融入青少年的休闲娱乐活动中，使社会主义核心价值观在青少年中更好引发共鸣效应。可以结合体育休闲，以中华体育精神所蕴含的遵纪守法、为国争光、无私奉献以及顽强拼搏等中华体育精神来激励青少年，引导青少年确立公平竞争、团结友善等价值取向，让他们在体育休闲中体悟法治、爱国、友善等社会主义核心价值理念。可以通过青少年的旅游休闲活动，让他们在尽情欣赏祖国大好河山的同时，感受中华传统美德和人与自然之间的和谐共生，有助于他们开阔眼界、沉淀自我，在旅途中感悟人生真谛，探求人生价值，使他们在无形之中理解、体认和践行社会主义核心价值观。同时，随着网络信息技术的进步，青少年休闲娱乐活动日益多样化，其中互联网逐渐成为青少年较为青睐的休闲娱乐方式，并在越来越多的青少年中成为一种生活常态。

从表 4-9 中可以看出，1990—1999 年和 2000 年这个年龄阶段出生的青少年群体中，表示上网主要是"打游戏、听音乐、看小说、漫画和电影，或是浏览各类网页，从时政热点到小道消息，再到趣闻逸事等什么都看"的人数在各自群体中高达 45.3% 和 51.0%。当今社会，生活节奏越来越快，人们之间相互交往的时间越来越少，青少年也不例外。但人是社会存在物，需要沟通和交流，尤其是青少年，非常需要沟通和交流。在传统的面对面的沟通和交流越来越困难的情况下，网络给青少年的人际沟通和交流提供了必要的途径和方式。在进入信息化社会的今天，互联网，以及手机通信技术的迅速发展，给青少年的网络休闲娱乐带来了极大的方便和快捷。目前，除了较为方便快捷的 BBS、QQ、微博、微信之外，由于网络通信技术的进步，手机作为终端信息平台的作用日益突出，手机上网、手机杂志、手机聊天、手机游戏、手机电影等日益成为青少年日常休闲娱乐的重要方式，其最大的特点就是不受时间、地点等条件的限制，可以随时随地的进行休闲娱乐，也就是现在流行的"忙里偷闲"。加之网络和通信技术的发展进步，操作方式越来越简单方便，这也为青少年选择网络休闲提供了重要条件。

表 4-9　关于上网主要为了干什么的调查结果

选项	人数及占比	出生年代					合计
		1970 年前	1970—1979 年	1980—1989 年	1990—1999 年	2000 年后	
查资料，学知识与技能	人数（人）	17	46	93	117	78	351
	百分比（%）	17.2	27.5	32.5	24.9	21.4	25.3
购物	人数（人）	3	8	12	17	9	49
	百分比（%）	3.0	4.8	4.2	3.6	2.5	3.5

选项	人数及占比	出生年代					合计
		1970年前	1970—1979年	1980—1989年	1990—1999年	2000年后	
交交朋友、聊聊天	人数（人）	11	13	13	54	37	128
	百分比（%）	11.1	7.8	4.5	11.5	10.1	9.2
打游戏、听音乐、看小说、漫画和电影，或是浏览各类网页，从时政热点到小道消息、趣闻逸事等什么都看	人数（人）	25	47	86	213	186	557
	百分比（%）	25.3	28.1	30.1	45.3	51.0	40.2
为查找自身需要的信息	人数（人）	13	21	46	53	18	151
	百分比（%）	13.1	12.6	16.1	11.3	4.9	10.9
很少上网	人数（人）	27	31	29	8	20	115
	百分比（%）	27.3	18.6	10.1	1.7	5.5	8.3
其他	人数（人）	3	1	7	8	17	36
	百分比（%）	3.0	0.6	2.4	1.7	4.7	2.6
合计	人数（人）	99	167	286	470	365	1387
	百分比（%）	100.0	100.0	100.0	100.0	100.0	100.0

在这样的形势下，需要加强青少年在网络休闲和娱乐活动中的价值引导，净化网络休闲娱乐环境，以积极向上的网络休闲和娱乐文化培养青少年的价值共识。要极力防止青少年网络休闲娱乐中低俗价值观的入侵，引导他们在网络休闲娱乐中讲文明，注意言论，不盲目炫富攀比和跟风，坚守道德底线，严守法律红线，使网络休闲和娱乐活动有助于他们逐渐接受社会主义核心价值观，并完成内化，实现共鸣。

表4-10　当您看到不文明行为时的相关调查结果

选项	人数及占比	出生年代					合计
		1970年前	1970—1979年	1980—1989年	1990—1999年	2000年后	
及时出面进行劝住和或批判	人数（人）	44	72	96	119	116	447
	百分比（%）	43.6	42.1	31.8	24.0	31.1	31.0
必要时会站出来	人数（人）	35	63	151	214	127	590
	百分比（%）	34.7	36.8	50.0	43.1	34.0	40.9

续表

选项	人数及占比	出生年代					合计
		1970年前	1970—1979年	1980—1989年	1990—1999年	2000年后	
有其他人站出来时，会一起上去劝阻或批评	人数（人）	13	22	23	46	43	147
	百分比（%）	12.9	12.9	7.6	9.3	11.5	10.2
在心理谴责下，但一般不会站出来	人数（人）	5	10	27	100	73	215
	百分比（%）	5.0	5.8	8.9	20.2	19.6	14.9
不关自己的事，一般不管	人数（人）	4	4	5	17	14	44
	百分比（%）	4.0	2.3	1.7	3.4	3.8	3.0
合计	人数（人）	101	171	302	496	373	1443
	百分比（%）	100.0	100.0	100.0	100.0	100.0	100.0

　　除此之外，不同出生年代的人群还会在其他不少方面表现出各自的特点。例如，表4-10关于民众看到不文明行为时的相关调查结果中，1990—1999年和2000年后出生的群体中表示"在心理谴责下，但一般不会站出来"的，在各自群体中所占比例分别为20.2%和19.6%，明显高于其他出生年代的人群。而表示会"及时出面进行劝住和或批判"和"及时出面进行劝住和或批判""必要时会站出来""有其他人站出来会一起上去劝阻或批评"三个选项的总计人数在90后和00后出生中所占比例则低于其他年龄阶段的群体。处于90后和00后的中小学生由于需要兼顾自身身心发展的客观条件所致，他们不仅同不文明行为做斗争，同时还需要有自我保护意识，这也使得看到不文明行为时中小学群体与其他年龄阶段群体在行动力上表现出了一定的差异，在社会主义核心价值观培育和践行中需要考虑到各群体的特殊性。

　　其他还如1990—1999年和2000年后出生的群体，在"对于哪种感觉最为美好"的调查结果中显示，1970年前、1970—1979年、1980—1989年、1990—1999年和2000年后这几个出生年代的群体，选择"家庭和睦、人际和顺的和谐感"的人数在各自群体中分别占72.7%、59.8%、56.5%、31.3%和27.2%，相对于青少年，随着年龄的增长，老年人更加重视家庭和人际方面带来的美好感觉，而选择"情感方面的温馨感"这一选项的人群，在1970

年前、1970—1979 年、1980—1989 年、1990—1999 年和 2000 年后这几个出生年代中分别占比 1.0%、1.2%、1.0%、6.0% 和 6.5%，"90 后"和"00 后"中所占的比例明显高于其他几个出生年龄阶段，中小学生的情感丰富，他们渴望得到老师、朋友和父母的爱，也容易因此获得情感上的慰藉与满足。具体数据见表 4-11。

表 4-11　您觉得以下哪一种感觉最为美好

选项	人数及占比	出生年代					合计
		1970 年前	1970—1979 年	1980—1989 年	1990—1999 年	2000 年后	
物质方面的富足感	人数（人）	4	5	16	40	19	84
	百分比（%）	4.0	3.0	5.5	8.3	5.2	6.0
助人为乐、见义勇为的正义感	人数（人）	1	7	5	3	16	32
	百分比（%）	1.0	4.1	1.7	0.6	4.4	2.3
其他	人数（人）	0	0	2	1	5	8
	百分比（%）	0	0	0.7	0.2	1.4	6
办成事情、取得成功后的成就感	人数（人）	7	18	41	121	45	232
	百分比（%）	7.1	10.7	14.0	25.2	12.3	16.5
为国争光的荣誉感	人数（人）	7	16	14	56	37	130
	百分比（%）	7.1	9.5	4.8	11.7	10.1	9.2
家庭和睦、人际和顺的和谐感	人数（人）	72	101	165	150	100	588
	百分比（%）	72.7	59.8	56.5	31.3	27.2	41.8
情感方面的温馨感	人数（人）	1	2	3	29	24	59
	百分比（%）	1.0	1.2	1.0	6.0	6.5	4.2
学得知识、弄清问题后的喜悦感	人数（人）	2	11	7	28	36	84
	百分比（%）	2.0	6.5	2.4	5.8	9.8	6.0
获得尊重或理解后的欣慰感	人数（人）	4	7	30	28	17	86
	百分比（%）	4.0	4.1	10.3	5.8	4.6	6.1
美味佳肴的可口感	人数（人）	1	0	3	15	23	42
	百分比（%）	1.0	0	1.0	3.1	6.3	3.0
旅游、音乐、游戏等休闲娱乐活动带来的放松、舒畅与快乐的愉悦感	人数（人）	0	2	6	9	45	62
	百分比（%）	0	1.2	2.1	1.9	12.3	4.4
合计	人数（人）	99	169	292	480	367	1407
	百分比（%）	100.0	100.0	100.0	100.0	100.0	100.0

这些都反映出了不同出生年代的群体他们的人生经历、身心发展和成长环境等各方面的差异会导致他们对于社会主义核心价值观的接受方式、共鸣点与践行方式等会表现出不少差异，只有结合各群体的这些特点，采取有针对性的宣传教育策略，社会主义核心价值观才能引发广泛的共鸣效应。

4.6.2　性别因素分析

两性个体间在生理机制与身体构造等方面存在着差异，社会对他们的角色期望、评价标准和所应遵从的道德规范等会有所不同，男女性个体也会依据社会对于他们的要求和标准来塑造自身形象，形成各自的性格特质，这些无疑都会影响到两性个体的价值取向，产生价值观上的差异。

从表 4-12 来看，关于"哪一个方面您有相关经历或关注最多"这一问题的调查统计结果显示，在女性中，选择"文明""诚信"和"友善"的人数所占女性总数的比例分别是 18.7%、12.9% 和 11.2%，要高于男性的 12.8%、10.3% 和 5.6%；而男性在"富强"和"民主"等方面的选择人数比例占优，男性中选择"富强"和"民主"的人数占其比例为 14.8% 和 4.7%，而女性则为 9.3% 和 3.1%。由此可见，在社会主义核心价值观的各方面中，女性在"文明""诚信"和"友善"这些方面相较男性有更高关注，这些方面也更易引发她们的共鸣；而男性在"富强"和"民主"等方面的经历或关注使得他们相较女性更易在这些方面激起同感。

表 4-12　哪一个方面您有相关经历或关注最多

选项	人数及占比	性别		合计
		男	女	
富强	人数（人）	104	62	166
	百分比（%）	14.8	9.3	12.1
敬业	人数（人）	26	19	45
	百分比（%）	3.7	2.8	3.3
诚信	人数（人）	72	86	158
	百分比（%）	10.3	12.9	11.5

续表

选项	人数及占比	性别		合计
		男	女	
友善	人数（人）	39	75	114
	百分比（%）	5.6	11.2	8.3
其他	人数（人）	16	5	21
	百分比（%）	2.3	.7	1.5
民主	人数（人）	33	21	54
	百分比（%）	4.7	3.1	3.9
文明	人数（人）	90	125	215
	百分比（%）	12.8	18.7	15.7
和谐	人数（人）	71	62	133
	百分比（%）	10.1	9.3	9.7
自由	人数（人）	45	54	99
	百分比（%）	6.4	8.1	7.2
平等	人数（人）	45	45	90
	百分比（%）	6.4	6.7	6.6
公正	人数（人）	42	24	66
	百分比（%）	6.0	3.6	4.8
法治	人数（人）	63	45	108
	百分比（%）	9.0	6.7	7.9
爱国	人数（人）	56	46	102
	百分比（%）	8.0	6.9	7.4
合计	人数（人）	702	669	1371
	百分比（%）	100.0	100.0	100.0

从关于男女性对于请求陌生人帮助的调查结果来看，男性中表示"会尽量去帮助他"和"多一事不如少一事，以免给自己带来不必要的麻烦"的比例分别为53.1%和3.5%，高于女性的50.9%和1.7%，而女性中选择"先弄清情况，看看事情是否麻烦，举手之劳就帮一下，如果比较麻烦就算了"和"人心难测，以防被骗"所占的比例是36.2%和11.2%，高于男性的35.0%和8.4%。男性中表示会"尽量去帮助"，或是不想帮助，"以免给自己带来不必

要的麻烦"，这两者的人数比例均超过女性，也即男性要么帮，要么不帮，这两者比例要高于女性。而女性相较于男性是即使想帮，也会更为谨慎，或有所顾忌，更怕被骗，或是比较麻烦，较高比例的人表示要"先弄清情况"。这与男女性的心理、身体素质，以及女性需要自我保护意识等各方面差异的影响有关。有关具体数据可参见表 4-13。

表 4-13　对于请求帮助的陌生人，您的态度是什么

选项	人数及占比	性别		合计
		男	女	
多一事不如少一事，以免给自己带来不必要的麻烦	人数（人）	26	12	38
	百分比（%）	3.5	1.7	2.6
会尽量去帮助他	人数（人）	394	358	752
	百分比（%）	53.1	50.9	52.0
先弄清情况，看看事情是否麻烦，举手之劳就帮一下，如果比较麻烦就算了	人数（人）	260	255	515
	百分比（%）	35.0	36.2	35.6
人心难测，以防被骗	人数（人）	62	79	141
	百分比（%）	8.4	11.2	9.8
合计	人数（人）	742	704	1446
	百分比（%）	100.0	100.0	100.0

除此之外，男女两个群体在其他一些方面还有不同观点和看法也会影响社会主义核心价值观的共鸣效应。例如，男女性会在兴趣点和爱好方面也会有所差异。这在喜欢观看的电视节目中可以得到很好反映。在"战争、武打动作类节目"中，男性中所选比例为 19.9%，远高于女性的 5.7%；而女性则在"休闲娱乐类节目"的选择上以 37.6% 的比例远超男性的 17.9%。在"饮食、健康等生活类节目"中，女性以 13.5% 的比例明显高于男性的 7.0%，"情感类节目"的选择比例女性中的是 9.7%，要高于男性仅有的 1.8%。体育类节目男性中的选择比例高点，而在法制、教育类节目的选择上，则女性中的选择比例相对高于男性更高。具体数据参见表 4-14。

表 4-14　你最喜欢看以下哪类电视节目？

选项	人数及占比	性别		合计
		男	女	
有深度、有哲理的节目	人数（人）	86	73	159
	百分比（%）	12.0	10.7	11.4
与自己所从事的工作有关的节目	人数（人）	20	19	39
	百分比（%）	2.8	2.8	2.8
情感类节目	人数（人）	13	66	79
	百分比（%）	1.8	9.7	5.6
其他	人数（人）	24	22	46
	百分比（%）	3.3	3.2	3.3
战争、武打动作类节目	人数（人）	143	39	182
	百分比（%）	19.9	5.7	13.0
休闲娱乐类节目	人数（人）	129	256	385
	百分比（%）	17.9	37.6	27.5
饮食、健康等生活类节目	人数（人）	50	92	142
	百分比（%）	7.0	13.5	10.1
法制、教育类节目	人数（人）	48	67	115
	百分比（%）	6.7	9.8	8.2
经济财经类节目	人数（人）	15	2	17
	百分比（%）	2.1	.3	1.2
新闻时政类节目	人数（人）	93	25	118
	百分比（%）	12.9	3.7	8.4
科学技术类节目	人数（人）	62	10	72
	百分比（%）	8.6	1.5	5.1
体育类节目	人数（人）	36	10	46
	百分比（%）	5.0	1.5	3.3
合计	人数（人）	719	681	1400
	百分比（%）	100.0	100.0	100.0

男性相较女性相对则更喜欢"新闻时政"和"科学技术"，这两者在男性中分别占 12.9%、8.6%，而女性中所占比例则仅有 3.7%、1.5%。这在我

们对于男女性农民工对"是否关注每年两会"这一问题的调查回答中也可以得到印证，详细数据参见图 4-1。从图中我们可以清楚看到，在男性农民工中，对于我国每年召开的两会表示"很关心"的占比 45.2%，认为"很多问题都关涉到自己，了解后对自己有很大帮助"。而女性农民工中选择这一选项的比例为 30.8%，与男性相比明显偏低。虽说从整体上看，女性农民工对于时政也比较关注，对于国家的政策与发展形势也较为关心，但与男性相比，女性农民工中有更高比例的人对于两会表示"不知道"或"听说过，但不清楚怎么回事"，在这方面相对来说相对缺乏兴趣与关注点。因而，对于女性来说，更需要进一步提高她们对国家政策与发展形势的兴趣，在提升她们对国家的形势与政策的认知度中促进她们对于爱国、富强等核心价值观念的共鸣。

可见，在社会主义核心价值观的民间培育和践行中，必然需要关注性别差异的影响，在遵循男女个体在价值观形成与发展规律的基础上，促进社会主义核心价值观民间共鸣的实现。

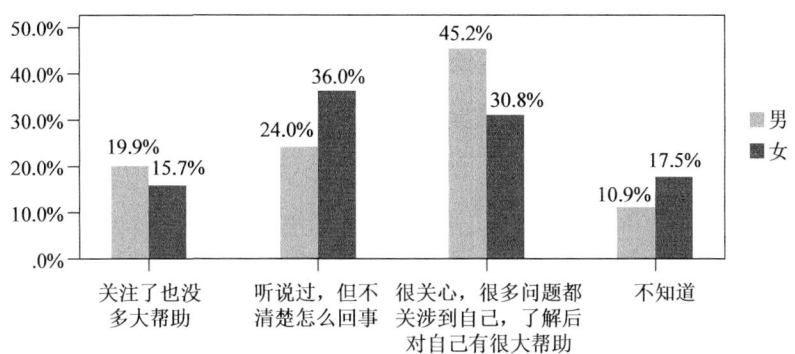

图 4-1　男女性农民工对"是否关注每年两会"的比较数据图

4.6.3　专业和从事或感兴趣领域不同的影响分析

鲁迅在《〈绛洞花主〉小引》中写道，读者在读《红楼梦》时："单是命意，就因读者的眼光而有种种：经学家看见《易》，道学家看见淫。才子看见缠绵，革命家看见排满，流言家看见宫闱秘事……"❶ 由于人们的知识储备、从事行业或感兴趣的领域不同，看事物的角度、对事物的看法和评价也会有所差异。

由于在"您的专业或您感兴趣的领域是 ____"调查中，调查对象在问卷填写时答案十分的分散，有很多专业或领域填写不足十人或十几、二十几人，不具有统计意义。因此，对这些数据要么进行剔除，要么进行归类。还有不少人在调研问卷中这一项没有填写，造成缺失较多。对此，在这方面，有必要根据专业和调查问卷填写情况，对调研对象填写的专业或民众感兴趣的领域进行归类。例如，有的填写音乐，有的写美术，有的写舞蹈，还有的写行为艺术等，我们将其统一归为艺术类，总计 122 人，便于统一分析。而对文学、历史、哲学等相关专业和兴趣的人统一归为文史哲类，总计 55 人。还有电子信息和计算机类方面 147 人，机电工程和机械方面 195 人等。

就以"人生就是一场游戏，不必太认真，玩玩就行"的调查结果为例，来看看专业和从事或感兴趣领域的不同对社会主义核心价值观民间共鸣效应的影响。从表 4-15 中可以看到，在医学专业或领域的人中，选择"非常认同"和"比较认同"两个选项的均为 0，选择"说不清楚"的也只有 4 人，比例也算不高，占医学方面的人数的 7.5%。可见，医学专业或相关领域的从业者和爱好者，对于"人生就是一场游戏，不必太认真，玩玩就行"这一后现代主义的生活方式极为反对。从现实角度看，医学专业或相关领域的从业者和爱好者，大多注重健康的生活规律，也希望患者保持健康有规律的睡眠和饮食规律等，认为这样才有助于健康。而从后现代主义视角看，认为不存在永恒不变的和具有普遍价值意义的东西，反对规律，提倡"怎样都行"，这种游戏人生、自我放纵、不讲规律的生活方式在大多医学专业或相关领域的从业者和爱好者看来是难以接受的，因而，也必然是反对的。西方后现代主义思潮在我国这一领域中难以获得其市场，对这一领域的从业者和爱好者的影

---

❶ 鲁迅.鲁迅全集（第 8 卷）[M].北京：人民文学出版社，1981：145.

响和主流价值观的消解有限。

表 4-15　关于不同的民众对"人生就是一场游戏，不必太认真，玩玩就行"的调查

领域	人数及占比	非常认同	比较认同	说不清楚	不太认同	很不认同	合计
电子信息和计算机	人数（人）	8	9	21	47	61	146
	百分比（%）	5.5	6.2	14.4	32.2	41.8	100.0
机电工程和机械	人数（人）	10	23	32	65	59	189
	百分比（%）	5.3	12.2	16.9	34.4	31.2	100.0
教育	人数（人）	0	0	3	10	14	27
	百分比（%）	0	0	11.1	37.0	51.9	100.0
经贸	人数（人）	5	7	17	75	79	183
	百分比（%）	2.7	3.8	9.3	41.0	43.2	100.0
水利水电	人数（人）	0	3	0	11	18	32
	百分比（%）	0	9.4	0	34.4	56.3	100.0
体育健身	人数（人）	1	2	3	6	15	27
	百分比（%）	3.7	7.4	11.1	22.2	55.6	100.0
文史哲	人数（人）	2	2	7	14	30	55
	百分比（%）	3.6	3.6	12.7	25.5	54.5	100.0
休闲娱乐	人数（人）	6	1	7	19	22	55
	百分比（%）	10.9	1.8	12.7	34.5	40.0	100.0
医学	人数（人）	0	0	4	23	26	53
	百分比（%）	0	0	7.5	43.4	49.1	100.0
艺术	人数（人）	3	6	12	36	62	119
	百分比（%）	2.5	5.0	10.1	30.3	52.1	100.0
合计	人数（人）	35	53	106	309	386	889
	百分比（%）	3.9	6.0	11.9	34.8	43.4	100.0

其次，是教育专业或相关领域的从业者和爱好者，在 27 人中没有人选择"非常认同"和"比较认同"，有 3 人表示"说不清楚"，在这群体中占比 11.1%。从现实角度看，这一群体不仅是社会主义核心价值观的践行者，更是教育者、引导者和宣传者。他们希望教育对象不要游戏人生，要树立远大理想，激发教育对象为国家富强、民族振兴和人民幸福而努力学习的强烈责任

感，这些都是他们的责任所在。他们自身也必然以身作则，后现代主义思潮倡导的"躲避崇高""告别理想"和游戏人生等价值取向对这一群体社会主义核心价值观的动摇和影响有限。

对"人生就是一场游戏，不必太认真，玩玩就行"认同率相对其他几个领域较高的有电子信息技术和计算机专业或相关领域的从业者和爱好者。这一领域主要有电子信息技术、物联网、计算机、编程以及软件技术等专业或相关领域的从业者和爱好者归类在一起，总计146人。其中表示"非常认同"和"比较认同"的在这一群体中分别占5.5%和6.2%，还有14.4%的人认为"说不清楚"。这一领域的人与网络日常接触较多，网络具有非中心化、开放性以及传播主体上的平等性等特征，相对其他人群他们更易受后现代主义思潮的影响，在无意中接受其所倡导的反中心主义、个体选择的随意性、淡化权威等思想倾向的影响。因而，对于这一群体，更加要注重后现代主义等社会思潮在对他们价值评价标准和价值追求方面的影响，防止他们在网络文化的无形影响下弱化了对社会主义主流价值观的认同和践行。

而在调查中，对"人生就是一场游戏，不必太认真，玩玩就行"表示"非常认同"和"比较认同"比例最高的专业和领域则是机电、机械专业或相关行业的从业者，分别占到5.3%和12.2%，两者总计达到17.5%，在所有领域中表示认同的比例最高。认为"说不清楚"的比例是16.9%，和其他领域和专业相比也是最高比例。这一状况值得重视和进一步分析。从数据来看，问卷中归于这一专业或从事这一领域的调查对象总计189人。从总体样本来源看，该群体中很多人员来自于我们对矿业工人等一线的工人的调查，如从事"机械维修""矿山机电"等工作，也有电气专业的一定比例该专业大学生。这189人的年龄，在1970年前、1970—1979年、1980—1989年、1990—1999年和2000年后这几个出生年代中的人数为29人、63人、53人、37人和2人，分别占比15.8%、34.2%、28.8%、20.1%和1.1%，样本构成中出生于1970年以前和1970—1979年所占比例要高于其他领域。这些群体大多是文化程度相对较低、在一线辛苦工作的劳动者，他们对于后现代主义等西方社会思潮的理论不大了解，甚至没听过这些社会思潮的名称。但这些西方思潮对人的价值取向的影响不仅是理论层面的，毕竟理论层面即使文化程度相对较高的群体中，除了相关领域或专业的学习者、研究者与爱好者外，大多对于这些理论也知之不多。而如后现代主义这些西方思潮的主张往往还会通过"跟着感觉走""怎么都行"这样易懂的、日常化的语言对民众的生活方式和价值取向产生深刻影响，而由于他们的辨别能力又相对不高，极易被其所迷惑。加上后现代主义的价值碎片化特征，认为深度模式应被消解，要"告别理想"，认为一切都是碎片的、转瞬即逝的，这使一些收入或生活不稳定的群体容易被其所左右而出现消极的价值倾向，对于这些群体的影响因而也不能小视。

由此可见，社会主义核心价值观的民间培育和践行，需要寻找到与民众的知识结构、专业兴趣和从事领域等的最佳结合点，以更好激发他们的共鸣；同时，各种消极价值观念和错误言论，对不同专业兴趣和工作领域的民众的社会主义价值观培育和践行会产生不同干扰和影响，需要依据各群体特点采取有重点、有针对地应对策略，以更好消除消极、负面因素对社会主义核心价值观民间共鸣的干扰。

4.6.4　政治面貌、文化程度等其他方面的影响分析

中国共产党是工人阶级的先锋队，同时也是中国人民和中华民族的先锋队，在社会主义核心价值观的民间培育和践行中同样具有先锋模范作用。从表 4-16 关于党员和非党员对于培育和践行社会主义核心价值观的态度的调查结果也可明显看出，中共党员在社会主义核心价值观的培育和践行中更为自觉、积极和主动。调查中"对于我国倡导富强、民主、文明、和谐，倡导自由、平等、公正、法治，倡导爱国、敬业、诚信、友善，积极培育和践行社会主义核心价值观"，中共党员和非中共党员中表示会"积极支持和响应"比例分别为 90.6% 和 75.5%，表示"有时会响应"分别为 8.3% 和 18.4%，选择"说不清楚的"分别为 1.0% 和 5.1%，非中共党员民众中还有选择"不会响应"和"其他"两个选项的共计 1.0%。

表 4-16　关于我国倡导富强、民主、文明、和谐，倡导自由、平等、公正、法治，倡导爱国、敬业、诚信、友善态度的调查

选项	人数及占比	是否为中共党员		合计
		非中共党员	中共党员	
会积极支持和响应	人数（人）	937	87	1024
	百分比（%）	75.5	90.6	76.6
有时会响应	人数（人）	228	8	236
	百分比（%）	18.4	8.3	17.7
说不清	人数（人）	63	1	64
	百分比（%）	5.1	1.0	4.8
不会响应	人数（人）	9	0	9
	百分比（%）	0.7	0	0.7
其他	人数（人）	4	0	4
	百分比（%）	0.3	0	0.3
合计	人数（人）	1241	96	1337
	百分比（%）	100.0	100.0	100.0

从表 4-16 中可以看到，党员这一群体中持支持态度的，即选择"积极支持和响应"和"有时会响应"两个选项总和的比例要高于其他群体，并且在"积极支持和响应"和"有时会响应"这两个选项中，有高达 90.6% 选择"积极支持和响应"，明显高于后者，也即有更高比例的人倾向于选择"积极支持和响应"，说明他们对于我国倡导富强、民主、文明、和谐，倡导自由、平等、公正、法治，倡导爱国、敬业、诚信、友善，积极培育和践行社会主义核心价值观的认同和支持态度更为明确，参与热诚更高，共鸣效应更为强烈。

同时，中共党员对于社会主义核心价值观的认同更为坚定，相对来说更不易受到各种错误思想干扰而产生动摇情绪。从表 4-17 关于党员和非党员"对于有钱能搞定一切"这一问题的具体调查数据看，中共党员和非中共党员中表示"非常认同"比例分别为 5.4% 和 7.8%，表示"比较认同"的分别为 8.6% 和 15.5%，党员中表示支持态度的比例明显低于非党员。中共党员和非

中共党员中表示"不太认同"的比例分别为 43.0% 和 33.2%，认为"很不认同"的比例分别为 26.9% 和 23.9%，不认同这一观点的均为中共党员比例高，特别是在"不太认同"这一选项，中共党员的选择比例和非中共党员相比低了近 10%。这些都较为一致地反映了中共党员作为工人阶级的先锋队，同时也作为中国人民和中华民族的先锋队，在抵御错误思潮和价值观念中能起到很好的先锋模范作用。

表 4-17　关于有钱能搞定一切

选项	人数及占比	是否为中共党员		合计
		非中共党员	中共党员	
非常认同	人数（人）	94	5	99
	百分比（%）	7.8	5.4	7.6
比较认同	人数（人）	187	8	195
	百分比（%）	15.5	8.6	15.0
说不清楚	人数（人）	237	15	252
	百分比（%）	19.6	16.1	19.4
不太认同	人数（人）	401	40	441
	百分比（%）	33.2	43.0	33.9
很不认同	人数（人）	288	25	313
	百分比（%）	23.9	26.9	24.1
合计	人数（人）	1207	93	1300
	百分比（%）	100.0	100.0	100.0

从表 4-18 关于中共党员和非中共党员对"我会珍惜并认真行使自己的选择权利"这一话题的有关调查数据看，中共党员和非中共党员中，表示"非常认同"的比例分别为 71.9% 和 60.2%，表示"比较认同"的比例分别为 26.0% 和 30.4%，持支持态度的（包含"非常认同"和"比较认同"）的比例中共党员总计高达 97.9%，而非中共党员也有很高比例，为 90.6%，但相比中共党员低了 7.3%。特别是在"非常认同"这一选项上，中共党员 71.9% 的比例与非中共党员 60.2% 的比例相比，高出了 11.7%。而在选择"说不清楚"

的人中，非中共党员中有 7.7%，明显高于中共党员。可见，中共党员相对于非中共党员来说，在"会珍视和重视行使自己的民主权利"方面持支持态度的比例更高，态度整体来看也更为明确。

表 4-18 关于"我会珍惜并认真行使自己的选择权利"的调查

选项	人数及占比	是否为中共党员		合计
		非中共党员	中共党员	
非常认同	人数（人）	745	69	814
	百分比（%）	60.2	71.9	61.0
比较认同	人数（人）	376	25	401
	百分比（%）	30.4	26.0	30.1
说不清楚	人数（人）	95	2	97
	百分比（%）	7.7	2.1	7.3
不太认同	人数（人）	16	0	16
	百分比（%）	1.3	0	1.2
很不认同	人数（人）	6	0	6
	百分比（%）	0.5	0	0.4
合计	人数（人）	1238	96	1334
	百分比（%）	100.0	100.0	100.0

中共党员相对于非中共党员，在"对于请求帮助的陌生人"的态度上，中共党员和非中共党员选择"会尽量去帮助他"的人数比例在各自群体中分别为 62.5% 和 51.4%，中共党员表现得更为主动积极。其他在"多一事不如少一事，以免给自己带来不必要的麻烦""先弄清情况，看看事情是否麻烦，举手之劳就帮一下，如果比较麻烦就算了"和"人心难测，以防被骗"这三个选项上，中共党员中的选择比例分别为 2.1%、29.2%、6.3%，均低于非中共党员中的 2.5%、36.0% 和 10.1%。具体数据详见表 4-19。

表 4-19　对于请求帮助的陌生人，您的态度是什么

选项	人数及占比	是否为中共党员		合计
		非中共党员	中共党员	
多一事不如少一事，以免给自己带来不必要的麻烦	人数（人）	31	2	33
	百分比（%）	2.5	2.1	2.5
会尽量去帮助他	人数（人）	639	60	699
	百分比（%）	51.4	62.5	52.2
先弄清情况，看看事情是否麻烦，举手之劳就帮一下，如果比较麻烦就算了	人数（人）	448	28	476
	百分比（%）	36.0	29.2	35.5
人心难测，以防被骗	人数（人）	126	6	132
	百分比（%）	10.1	6.3	9.9
合计	人数（人）	1244	96	1340
	百分比（%）	100.0	100.0	100.0

此外，当看到不文明行为时，表示会"及时出面进行劝阻或批评的"，在中共党员中占到了 39.6%，明显高于非中共党员中的 29.4%；中共党员中表示"必要时会站出来"的比例占 43.8%，也略高于非中共党员中的 40.5%。而选择"在心理谴责下，但一般不会站出来"和"不关自己的事，一般不管"这两项的，中共党员中的比例分别为 11.5% 和 1.0%，低于非中共党员的 15.8% 和 3.3%。可见，中共党员对于符合社会主义核心价值观要求事物的会更为主动积极响应，并体现在实际行动中，对违背社会主义核心价值观要求的言行，也是更加立场鲜明地加以反对。关于中共党员和非中共党员对于看到不文明行为时的反应，具体的调查数据结果可参见表 4-20。

表 4-20　当您看到不文明行为时

选项	人数及占比	是否为中共党员		合计
		非中共党员	中共党员	
及时出面进行劝阻或批评的	人数（人）	366	38	404
	百分比（%）	29.4	39.6	30.2
必要时会站出来	人数（人）	504	42	546
	百分比（%）	40.5	43.8	40.8
有其他人站出来时，会一起上去劝阻或批评	人数（人）	135	4	139
	百分比（%）	10.9	4.2	10.4

续表

选项	人数及占比	是否为中共党员		合计
		非中共党员	中共党员	
在心理谴责下，但一般不会站出来	人数（人）	197	11	208
	百分比（％）	15.8	11.5	15.5
不关自己的事，一般不管	人数（人）	41	1	42
	百分比（％）	3.3	1.0	3.1
合计	人数（人）	1243	96	1339
	百分比（％）	100.0	100.0	100.0

因而，可以通过充分展现中共党员奋发向上的精神风貌，发挥他们在社会主义核心价值观民间培育和践行中的典型示范和价值引领作用，以他们对正确价值立场和价值观点的坚守来引导民众的价值倾向，以他们的践行热情来带动民间践行的自觉性与积极性，不断提升社会主义核心价值观民间培育和践行的效果。

在文化程度等其他不少方面的因素也会对社会主义核心价值观民间共鸣产生不可忽视的影响。从调查结果看，文化程度高的群体，获取信息的渠道更加多元，他们不仅运用现代设备与信息技术获取信息，而且受过较好学校教育，理解能力更好。对于文化程度低的群体，不仅要拓展传播渠道，更要通过接地气的语言进行阐述，不仅要让他们听得到，更要使他们听得懂，在提升他们的认知中促进共鸣。除此之外，生活境况、学习环境等方面也会影响社会主义核心价值观的民间共鸣效应。例如，不同高校的大学生，如果长期受所处学校具有明显特色的大学文化、大学精神和学校价值观等潜移默化的影响和熏陶，在价值观上也会呈现出自身的特征。例如，我们在对一所具有浓厚的军工国防背景的全国重点大学的学生调查中发现，在社会主义核心价值观 12 个方面中，他们对"有相关经历或关注最多"这一问题的调查结果来看，他们中有更高比例的人选择"爱国"。因而，政治面貌、文化程度、生活境况等各方面因素对不同群体的影响状况各异，要依据各群体对社会主义核心价值观认知与认同特点和规律，因势利导，才能赢得更好地共鸣效果。

第 5 章 社会主义核心价值观民间共鸣的方法、途径与案例

5.1 社会主义核心价值观民间共鸣的具体实施方法

社会主义核心价值观民间共鸣实践路径的建构，需要在深入分析各类影响因素基础上，积极进行方法的创新，来推进民间共鸣效应的实现。

5.1.1 运用分众施导，以精准发力促发共鸣

在社会主义核心价值观的民间培育和践行中实施分众施导，就是要依据不同年龄、性别、收入、职业等不同类别的民众的不同兴趣、需求和身心发展规律，采取分类指导，以增强针对性和精确性。在中共中央办公厅印发的《关于培育和践行社会主义核心价值观的意见》的意见中，便明确地提出要"区分层次和对象"以及要"加强分类指导。"❶ 早在 1986 年，日本的研究机构"博报堂生活综合研究所"，在其出版的《分众的诞生》一书中，便提出了以"划一性"为基础的"大众"社会正在分崩成为个别化、差异化的小型群体的观点，并将这种"被分割了的大众"冠以"分众"这一新名词。改革开放以来，我国社会经济生活日渐复杂，人群、阶层分化显著，多元利益群体不断形成，不同群体间的利益诉求和思想观念分化也越来越明显，因而，社会主义核心价值观的培育和践行必须关注各分众的需求，找准与各群体利益

---

❶ 中共中央办公厅印发《关于培育和践行社会主义核心价值观的意见》[N].人民日报，2013–12–24.

的各自交汇点，才能更好地激起他们的共鸣。

在分众传播理论看来，现代社会信息呈爆炸式增长，信息的拥挤和堵塞现象越来越严重，面对海量信息，民众就必然会依据自己的需要、兴趣等选择重要的信息，排除无关的信息。不同年龄、性别、文化程度和政治面貌的民众，在对社会主义核心价值观的认知、认同与外部因素对他们产生的影响都会存在差异，分众传播就显得十分必要。因而，原先面向社会公众无差别的、撒大网式的大众传播正开始呈现越来越多的分众传播的趋势。例如，中央电视台为满足少年儿童的需要建立了少儿频道，还有满足不同分众的科教、新闻等频道。

在社会主义核心价值观的培育和践行中，面对各类群体，需要找到与他们最需要和最关注话题的切入点，并通过特定的渠道，用特定的宣传教育方式，做到有针对性的引导，这样才能精准激起他们对于社会主义核心价值观的共鸣。

5.1.2　采取多元渗透，以无形之中引发共鸣

社会主义核心价值观通过多元、有效渗透，能如同春风化雨，实现润物无声，浸润于方方面面，才能更好地使社会主义核心价值观的民间培育和践行在细微之处见真章、在无形之中现力量。

首先，需要将社会主义核心价值观渗透到民众的日常生活中。正如习近平总书记指出的："一种价值观要真正发挥作用，必须融入社会生活，让人们在实践中感知它、领悟它。"❶ 社会主义核心价值观与民众的日常生活紧密结合，融入民众社会生活的方方面面，能使社会主义核心价值观的影响"像空气一样无所不在、无时不用"❷，在无形之中彰显力量，引导民众的价值取向。社会主义核心价值观也只有渗透到民众的点滴生活中，被广大民众所认可，在民众的日常生活的土壤中深深扎根，才能枝繁叶茂，更好地转化为民众的

---

❶　习近平.习近平谈治国理政［M］.北京：外文出版社，2014：165.
❷　习近平.习近平谈治国理政［M］.北京：外文出版社，2014：165.

日常生活实践和自觉价值遵循，激发民众的践行热情。而社会主义核心价值观要有效渗入民众的日常生活领域，需要在对民众的真实思想与行为状况作调查和分析的基础上，解决相应的障碍性因素，才能更好实现共鸣。

其次，通过把社会主义核心价值观渗入业务工作中能有效促进共鸣。在业务工作的各个行业的劳动实践中蕴藏着推进社会主义核心价值观民间共鸣的丰富资源。广大人民群众在各行各业辛勤工作、贡献力量，他们用自己在平凡工作岗位上的坚守和努力生动诠释着爱岗敬业之美和劳动奋斗的光荣，他们把国家富强、民族振兴的责任熔铸到自己兢兢业业的平凡工作中。社会主义核心价值观的民间践行在各行各业中无时无刻不在展现。因此，把社会主义核心价值观渗入业务工作中，寻找社会主义核心价值观与业务工作的最佳契合点，有助于更好实现各方面工作和社会主义核心价值观培育的同频共振、同向同行的强大效应，在推进社会主义核心价值观民间共鸣的实现中意义重大。然而，业务工作领域十分广泛，社会主义核心价值观的培育和践行需要和各行各业的特点有机结合，才能取得好的效果，也同时能使社会主义核心价值观在各行各业各具特色的践行中更具劳动实践的多样色彩与生机。

此外，也要将社会主义核心价值观融入社会交往等各个方面，以更好促进社会主义核心价值观民间共鸣的实现。人民群众会通过社会交往了解社会主义核心价值观，进行价值观方面的实践经验交流和比较判断。社会交往领域是影响民众思想提升和核心价值观培育的一个十分重要的领域。特别是随着网络信息技术的发展，网络交往超越了交往的空间限制，拓展了交往的新领域，大大改变了传统的交往方式，也显著地影响着民众的思想观念和生活方式。在这一虚拟领域中，各种价值观念纷繁复杂并激烈碰撞与交锋，民众面对大量扑面而来、难辨真伪的价值观信息，极易产生困惑和迷茫。因而，要注意将社会主义核心价值观渗入微博、微信等活跃度高、参与度广的社交平台中，倡导文明上网，逐步实现在网络交往中对社会主流价值观的遵守和推崇，使社会主流的价值标准实现虚拟空间的延伸，从而为社会主义核心价值观的民间共鸣的实现创造良好的网络交往环境。

5.1.3　开展典型示范，以榜样力量激发共鸣

通过树立民众身边的社会主义核心价值观的践行典型，引导进行对照、学习和仿效，能在民众中产生巨大的激励和示范效应，可以使社会主义核心价值观更为鲜活、具体而生动，更是激励民众自觉模仿并形成与社会主义核心价值观民间践行典范相一致的品行与价值观念的力量之源。社会主义核心价值观的民间践行典型是最好的示范和楷模，他们身上所展现的理想信念和精神力量，是社会主义核心价值观真谛最为生动而形象的诠释，能给人以信心和动力，很具说服力，能在广大人民群众心中达成共鸣、激发力量。

可以通过把各行各业的先进典型的学习、评选活动与培育社会主义核心价值观结合起来，来充分发挥先进典型在社会主义核心价值观民间培育和践行中的作用。榜样的力量是无穷的，一个先进典型就是一面旗帜，可以照耀他们身边的人，带动生活在他们周围的人产生互动与共鸣，这具有很强的影响力与说服力。民众对于先进典型有很强的认同度，在关于民众对于"螺丝钉精神""铁人精神"等吃苦耐劳、兢兢业业的敬业精神等调查中，绝大多数民众认为，"有这种精神值得称赞，任何时代都需要这种精神。"这一选项人数的有效百分比占到了92.4%。这些先进典型及其奋斗精神展现了民众对美好生活的向往和追求，能为民众提供前进的勇气和方向，也是新时代中华民族奋勇前进的精神动力，能为新时代中华民族的伟大复兴提供坚强的精神支柱。但还是有极少数人，觉得"这些已经过时"。当前，一些人在市场经济负面因素和实用论、实惠论等错误思想影响下，斤斤计较，缺乏长远眼光和奋斗精神，甚至于还有5.1%的人选择"在当前有学习这些精神让人觉得有些"犯傻"和"蛮干"的感觉。这些更加凸显了在新时代进一步弘扬这些先进典型所展现出的精神力量，以此引导民众树立科学价值观的重要价值意义。具体数据参见表5-1。

表 5-1　对"螺丝钉精神""铁人精神"等吃苦耐劳、兢兢业业的敬业精神，您认为

效果	选项	人数（人）	百分比（%）	有效百分比（%）	累积百分比（%）
有效	有这种精神值得称赞，任何时代都需要这种精神	1370	91.9	92.4	92.4
	这些已经过时了	37	2.5	2.5	94.9
	在当前有学习这些精神让人觉得有些"犯傻"和"蛮干"的感觉	75	5.0	5.1	100.0
	合计	1482	99.5	100.0	
缺失	漏填、错填、不愿填等造成的缺失	8	0.5		
	合计	1490	100.0		

　　"在我们的人民中间，工人和农民中间，有千千万万个先进的典型，他们是我们民族的优秀分子，在他们身上体现着我们民族的精神，体现了我们民族的希望"，"我们要以先进模范人物为榜样，把我们的工作推向前进。"❶ 民众在学习先进榜样、崇尚先进模范、争当先进典型的过程中，也会有意无意地对照、认同和模仿先进典型的言行及其所体现的我国社会的主流价值观，来提升自己的价值认知和道德觉悟，能有效促进社会主义核心价值观转化为民众的价值遵循并以此要求自己。对于社会主义核心价值观民间践行的典型人物的事迹要多角度地加以宣传，通过其言行所体现出的思想力量和人格力量来凝聚、鼓舞和影响他们旁边的民众，使其在群众中能产生强大的示范效应。通过对社会主义核心价值观民间践行先进典型事迹的宣传，可以把社会主义核心价值观的宣传教育变得更为生动形象，能够更加有效地引起其他民众价值情感上的共鸣，使他们进行思考、比较、学习和模仿。对于先进践行典型，必须要综合运用现身说法、纪实文学、组织报告团、网络等进行多形式、立体化、全方位的宣传，让先进典型自己说话，拿他们的优秀事迹说话，使广大民众更加深切地感受到他们身边的先进模范的可亲性、可敬性、可信性与可学性，从而更好地发挥其以点带面、激发人的积极情感与价值追求的作用。

---

❶　江泽民.江泽民论社会主义精神文明建设［M］.北京：中央文献出版社，1999：208.

同时，还可以通过发放民间先进践行典型的宣传手册、组织学生开展签名等，都是传递正能量，增强先进践行典型宣传教育的有效方式。可以充分调动民众开展学习的主动性和创造性。可以运用更加活泼多样、感同身受的教育方式，如制作播放专题微电影等，促使民众更好地学习和实践核心价值观。当前，互联网科技十分发达，要努力打破榜样宣传教育的时空限制，善于运用网络大力倡导民间先进典型，特别是通过相关微课程，运用微博、微信这些平台，加强互动，开展讨论，通过对先进践行典范进行有深度、多维度的探讨，从而更好地寻求民间践行榜样和民众思想道德上的共鸣点。

榜样教育一直以来是社会价值观整合的重要方法。鉴于此，各类教育机构和宣传媒介可以充分利用先进典型深入开展榜样教育，群众身边主流价值观的实践典范的草根性决定了其易于被民众所关注和接受。因而，可以通过采取多样化的方法与载体把"三个倡导"的先进实践典型及其先进事迹真实、形象生动、富有感染性地呈现出来，在促使民众对先进典范的认同中，价值认知得以提升，情感得到熏陶，加速接受先进典型身上展现的主流价值观，进而发展到对榜样行为的学习仿效和对榜样精神的自觉践行和推广。简言之，通过典型示范，十分有利于促成社会主义核心价值观民间共鸣的生成。

5.1.4　通过实践教育，在参与体悟中产生共鸣

社会主义核心价值观重在实践，需要让民众在实践中去体悟和感知，才能更好实现共鸣。实践是价值活动、价值关系产生的基础，民众的价值观归根结底是要在社会实践的基础上才能逐渐形成并坚定起来的。

社会主义核心价值观是在中国特色社会主义伟大实践中生成与发展起来的，社会主义核心价值观要深入人心、赢得共鸣，也需要引导民众回到中国特色社会主义伟大实践中去感知和体会。实践是主观见之于客观的活动，是检验价值观是否符合时代发展趋势，以及是否具有科学性的标准。在实践参与中民众中能更好地了解中国国情和中国社会，增强他们的自豪感、使命感和责任感。在实践中民众才能更好感受到国家、社会的需要与自身能力提升

的关系，从而能更好认识和评价自我，摆正个人价值追求与国家发展、社会进步、人民幸福之间的关系。引导民众体验和参与中国特色社会主义伟大实践，让社会主义核心价值观成为每个民众的自觉行动，并在各自的行动中有所感触和思考，才能更好地让民众了解社会主义核心价值观的重要性并积极响应。例如，不少地方斑马线前陆续新增了"车让人"的文明标语，提醒机动车驾驶员路过时要文明礼让过斑马线的行人。一些地方斑马线新添监控设备，抓拍机动车不礼让行人的行为。交通法也有相关规定：机动车行经人行横道时，应当减速行驶；遇行人正在通过人行横道，应当停车让行。通过引导民众参与文明交通"车让人"的行动中，能有助于民众增强对文明的认知与理解。

5.1.5　注重情感体验，在以情动情中实现共鸣

情感体验与价值的关系极为密切，谈价值问题必然会涉及情感体验。我们把价值理解成主客体之间的需要与满足的关系，那么情感便是主客体之间需要与满足关系的反映。"体验就是因客体满足主体需要而产生积极情感的过程"❶，情感体验的实质是主体对客体的整体感受与领悟，当客体满足主体的需要时，就会引起主体积极的情感体验；反之，如果客体不能满足主体的需要，则会导致主体消极的情感体验。社会主义核心价值观民间共鸣便是民众领悟到社会主义核心价值观能满足自身需要时产生情感上的积极感受和体验的表现。

马克思曾说："我们现在假定人就是人，而人同世界的关系是一种人的关系，那么你就只能用爱来交换爱，只能用信任来交换信任，等等。"社会主义核心价值观也需要传播者的情感投入，以自身对于社会主义核心价值观的强烈情感认同与坚定信念来促进和唤起民众对于社会主义核心价值观的认可与响应。同时，民众的情感共鸣总是在一定的情景与氛围中实现的，要注重相

---

❶　王智慧.价值与体验［M］.桂林：广西师范大学出版社，2008：173.

关情景与氛围的创设来推进社会主义核心价值观民间共鸣的实现。例如，民主、平等、自由等社会主义核心价值理念的民间培育需要创设民主、平等、宽松的民众参与氛围，要避免把民众看成需要教育、灌输的对象，尊重他们的独立人格、民主权利和思想情感，学会倾听，相信他们并能够与他们进行平等地对话与交流，在这样一种平等的、相互尊重、相互促进的交流和引导中，民主、平等、自由等社会主义核心价值理念才能更好地抵达民众的心灵，促发民众的共鸣。

5.2 社会主义核心价值观民间共鸣的具体实施路径

社会主义核心价值观民间共鸣的实践是个复杂的系统工程，既要关注民众的内在情感，又涉及外部环境支持系统的构建；既要总结完善社会主义核心价值观转化为民间共识的普适手段，又要积极探寻契合地方文化特色、符合群体个性化特征的社会主义核心价值观建设路径，以更好实现在尊重差异中形成共鸣。

5.2.1 着力社会主义核心价值观民间共鸣频率的把握

广大民众难免会有着各自"顽固"的秉持和信念，会"固执"地选择自己感兴趣的信息进行接收，筛选出他们认为有用的信息进行处理。如果不了解或没能摸准民众的兴趣点，未能找到社会主义核心价值观同广大民众的生活经历、审美倾向和认知特点等的契合点，传递者自认为很有说服力和感染力的事物也会难以感动民众。在物理学上，认为物体会有其固有频率，同频才会共鸣。同样，如果不能摸准民众的固有频率，与民众"不在一个频率上"，就算传递者讲得再有道理、再感人，民众也可能会无动于衷，不会产生共鸣。因此，必须深入到民间，进行对话沟通和调查分析，以更好地找准民众的关注点和兴趣点。如果社会主义核心价值观未能引起民众的有效共鸣，还必须及时依据民众反馈回的信息，分析问题所在，并在内容、方法和策略等方面作相应调整，使之能与民众"在一个频道上"，使民间最终能与之同频共鸣。

5.2.2　进行社会主义核心价值观民间共鸣情景的创设

社会主义核心价值观民间共鸣总是在特定的情境下发生的，其激发需要特定的时空条件、景象或事件。因其总是在某个时空结点发生的，就可以充分利用一些特别的时空结点来激发民众的共鸣。例如，9 月 18 日为"九·一八"事变纪念日，并会有撞钟、鸣放防空警报等仪式，在那个时间节点和那样的场景与氛围下，极易触发民众的爱国主义情感和对实现民族振兴、国家富强等社会主义核心价值理念的强烈共鸣。共鸣情景总是与特定事件相联系，要善于通过挖掘和宣传反映社会主义核心价值观要求的、激荡人心的特定事件来唤起民众的情景记忆，激发民众共鸣；例如，良心油条哥刘洪安坚决不用"复炸油"，这事会激活民众自身买油条及对用"复炸油"担心的情景记忆，当民众将该事件和自己的亲身经历做比对，经过认知、分析和评定，在认识到其对诚信经营坚守的不易和与自身已有的知识、经历及价值观等高度契合时，便会引发民众强烈的共鸣。

5.2.3　开发社会主义核心价值观民间共鸣载体

社会主义核心价值观需要依托民间载体，架起与民间思想有效沟通的桥梁，使之能更为有效的被普通民众所感知、接受和认同，这样才能更好成为广大民众的价值共识，达到广大民众的广泛参与和响应的效果。特别是在当前社会多元化的背景下，要推进社会主义核心价值观民间共鸣的实现，必须要善于通过社会载体与社会生活保持对接，在真实的生活情境中增强民众的认同感，从而能更好达成社会主义核心价值观在民间的共鸣效果。要充分发挥学校、社区、行业部门、志愿者组织、慈善组织、环保组织、宗教团体等各种社会组织的力量，整合各种资源，调动各方面的积极性，开展形式多样和内容丰富的社会活动，从而实现政府行为与民间组织的良性互动，形成全社会积极参与的联动机制，从而有助于推行社会主义核心价值观大众化的实现。可以通过各类民间组织，将核心价值观融入其提供的帮扶弱者、关爱老者、社区建设等社会服务中，贯穿于其化解民间矛盾、反映民众诉求、促进社会和谐中的实践中，使民众在体验其多样化服务的同时，不断增强社会核心价值观在民间的说服力、吸引力和阐释力。

同时，需要重视发挥民间道德模范的引领作用。民间道德模范是普通民众践行社会主义核心价值观的鲜活案例，同时又在民众身边，体现出了普通民众的道德人格，有着深厚的群众根基。这些人的凡人善举让民众觉得鲜活、亲近、可学，能对其身边的民众产生一种"非权力性影响力"，也更易获得民众普遍认可与赞扬，使民众觉得值得敬佩、为之感动并自觉仿效，他们无疑是增强社会主义核心价值观民间亲和力和影响力的有效载体。

民间文化根植于广大民众之中，在很大程度上反映出我国广大民众基本的心理特征、伦理观念，以及价值标准等，对普通民众具有很强的感染力，将社会主义核心价值观融入民间故事、戏曲、绘画、节俗、歌舞等民众文化生活中，以此来感化民众，净化人们的心灵，能使民众在潜移默化中情感得到熏陶和感染，在不知不觉中对社会主义核心价值观产生积极体验和情感共鸣。

此外，还要充分发挥网络性载体的作用。网络现在已经成为人们的一种"生活方式"，由于其时效性、互动性、平等性、开放性等优势，成为社会主义核心价值体系大众化的最重要载体之一。在当今这一高度信息化的时代，网络空间已成为价值观话语权和民心争夺的前沿阵地，各种价值观在此互动、交流和交锋，抢夺阵地。当前，中国的网民数量全球第一，网络也已渗透到了民众生活的方方面面，但我国的网络信息技术发展水平与西方强国相比仍有不少差距，在网络空间的价值观激烈交锋与争夺中，依然面临严峻的挑战。对此，中国在网络信息领域大力发展自主的核心技术的同时，要高度重视网络空间的价值观建设，积极通过各类网络平台发声，引领社会思潮和民间舆论，彰显主流价值。例如，人们通过网络发现、传播民间先进典范，从而能使更多的人认同、践行社会主义核心价值观。

5.2.4　推动社会主义核心价值观实现民间话语体系的有效转化

社会主义核心价值观要在民间获得普遍认同，形成广泛共鸣，必须要拉近与民众的距离。需要通过"接地气"的民间话语，增进社会主义核心价值观在民间的亲近感和吸引力，将其有效转化为人民群众喜闻乐见的"民间知识"，让民众认识到社会主义核心价值观并非是他们遥不可及的"高大上"的理论体系，而是可学、易辨的。可以通过新说民间故事、整理歌谣俚语、运用公益广告等表达方式和宣传载体，把深奥的思想转化为妇孺皆知的"民间知识"，渗透到老百姓的思想、血液之中，进而自然外化于行。要创造出社会主义核心价值观的民间话语体系，可以用民众身边的案例、日常化的语言深入浅出、引发共鸣，也可用随和的语气、聊天式的对话循序渐进、触及心灵，还可古为今用、以史为据旁征博引、以理服人。通过平民化的表达，善于运用民众听得懂、愿意听的"大白话""大实话"，社会主义核心价值观才更易于被广大民众所感知、所接受，才能让民众更好地理解和把握社会主义核心价值观与其自身价值需求与利益诉求的结合点，从而有助于唤起民众对社会主义核心价值观的广泛认可与强烈追求，使社会主义核心价值观更好地转化为民众的群体意识和价值共识。

社会主义核心价值观的民间践行离不开相应的宣传教育。宣传教育主体应该选择民众最能认可、理解和接受的方式、话语进行宣传教育。"话语的表达形式往往是受语境制约的。"❶因而，要善于根据不同的话语语境进行灵活表达。社会主义核心价值观的民间话语语境主要是指影响其民间话语的生成、传播以及作用发挥的环境。正如俗话所言："一句话，百样说。"同样的话语内容可以采用不同的话语表达方式，其效果往往也会有所不同。用不同的句式来表达，表达的效果也会不一样。因此，不能"一个版本包打天下"，需要根据对象的特点、所处的环境和文化传统以及个人的文化程度、话语风格与表达习惯等，有针对性地选择民众能够理解、乐于接受的话语表达方式来生动

---

❶ 邱仁富.思想政治教育话语论［M］.上海：上海交通大学出版社，2013.

阐释当代中国的价值主张、价值立场和价值原则，让民众能够听得懂、乐于听中国声音和中国故事，不断提升向民间传播好中国价值的能力，从而能有效提升社会主义核心价值观的民间影响力。

习近平总书记在 2013 年坦桑尼亚的演讲中，临近结尾处介绍了我国"发展不平衡"，以及"人均国内生产总值还排在世界第九十位左右"❶等情况，能使非洲国家能更好地认识到中非之交是同为发展中国家之间的平等之交，是"患难之交"，需要同舟共济，共同发展。这大大拉近了双方的距离，阐明了双方的利益共同点，有助于非洲国家更好地接受和认同中国的倡导与主张。这种话语内容选择上的智慧便十分值得学习。只有注意社会主义核心价值观话语内容选择上的针对性与差异化，阐明其与宣传对象的利益共同点所在，才能更好地获得各个群体的关注并在民众中扩大影响力。

要注重民间话语创新。需要将社会主义核心价值观中涉及的民主、自由、公正等核心概念讲清、讲透，要在马克思主义的指导下，进行科学解读和阐述。要紧随中国特色社会主义伟大实践和国际形势发展中的热点，及时提炼和概括出具有中国特色的重要价值理念，形成大众乐于接受、通俗易懂的新的价值概念、价值范畴与价值表述，不断增强社会主义核心价值观的民间话语创造能力和阐释能力。要将这些价值定义和价值阐释进行民间语言的有效转译，扩大民间影响。同时，要做好议题设置，引导民众关注这些价值定义和阐释。对于有助于社会主义核心价值观民间传播并为民众感兴趣的议程、议题要积极进行深度、跟踪报道，在满足民众相关需要的同时，提升民间传播效果。

5.2.5　寻找社会主义核心价值观与民众的情感交集

列宁说："没有人的情感，就从来没有也不可能有人对于真理的追求。"❷要促发社会主义核心价值观的民间共鸣，就需要积极寻找社会主义核心价值

---

❶ 习近平.习近平谈治国理政［M］.北京：外文出版社，2014.

❷ 列宁.列宁全集（第20卷）［M］.北京：人民出版社，1958：255.

观与普通民众的情感交集，从人们相关的情感体验、生活经验和知识结构等
出发，充分挖掘和把握民众的"情感储备"，这样才能使他们更容易对社会主
义核心价值观产生内心深处的情感共鸣。要从一个人的生活积累和情感体验
出发，寻找共鸣点。"经历过新旧社会对比的人，容易从生活体验和朴素感情
上接受马克思主义，经历革命战争洗礼的人，容易从实践经验和革命意志上
认同马克思主义……"❶ 人们对一些事或物积累了相关的心灵感悟和人生经历，
以这些相通的经验为基础，则更易促发他们的共鸣。要从一个人的知识背景
出发，寻找情感共鸣。有较好文学素养的人能更好地欣赏文学作品中所抒发
的爱国主义情怀；而有丰富宋朝历史知识储备的人对范仲淹、文天祥等人的
爱国爱民事迹则更为了解，并被他们的言行所感动。要从我国民众共有的精
神文化记忆出发，寻找情感共鸣。中华民族优秀传统文化是我国民众共有的
精神财富，蕴藏着每个中国人都无法割舍的共同历史记忆，要善于把握中国
传统文化中的微情妙旨，更好地唤醒民众共同的情感记忆和内在的精神文化
基因，强化民众对于祖国、对于自然生灵的热爱之情，激发他们内在善良的
道德意愿和道德情感。总之，社会主义核心价值观的民间共鸣不仅需要民众
对社会主义核心价值观的理性认知，而且必须要在心灵碰撞和情感驱动下，
使社会主义核心价值观在情理交融中，才能有效引发广泛共鸣，才能使社会
主义核心价值观逐步成为民众心灵的罗盘。

5.2.6　建立社会主义核心价值观与民众生活实践的有效对接

培育和践行社会主义核心价值观既是重大的理论问题，也是重大的实践
课题，既需要理论上的建构，也需要将理论转化为人民群众的自觉追求和社
会生活的生动实践。习近平总书记强调指出："要注意把我们所提倡的与人们
日常生活紧密联系起来，在落细、落小、落实上下功夫。"❷ 社会主义核心价

---

❶ 侯惠勤.马克思主义的意识形态批判与当代中国［M］.北京：中国社会科学出版社，2010：
474.

❷ 习近平.把培育和弘扬社会主义核心价值观作为凝魂聚气强基固本的基础工程［N］.人民日
报，2014-02-26.

值观并不是干瘪的词汇和抽象的概念，要从民众日常生活的细小之处着手，把社会主义核心价值观融入民众的言谈举止中，融入民众的艺术欣赏、娱乐感受与消费意识之中，在潜移默化中促发民众对社会主义核心价值观的情感共鸣。要关注不同群体生活实践中的热点问题、焦点话题。就诚信而言，对于大学生群体主要有遵守考试纪律不舞弊以及按时还助学贷款等问题，对于科研工作者则会关注坚守学术诚信问题，而对于企业经营者，则涉及守法经营、诚信立业方面。将社会主义核心价值观与各群体日常生活中的这些关注点、兴趣点有机结合，使社会主义核心价值观更具针对性与亲和力，也更能赢得民众的关注与认同。要用普通民众生活中涌现的散发泥土芳香的感人事迹、民众身边带有浓厚生活气息的先进典范，来感染民众，影响民众，引导民众自觉用身边的力量来推动自身更好地践行社会主义核心价值观。可见，只有与民众的生活实践有效对接，将社会主义核心价值观融入民众的生活细节之中，反映在民众的思想与日常行为之中，社会主义核心价值观才能找到与民间思想的最佳共鸣点，才能更好地在民间产生共鸣效应。

可见，社会主义核心价值观民间培育和践行的效果如何，在很大程度上要看其融入民众的生产生活的程度和满足民众利益需求及价值期盼的程度。这就需要从民众的日常生活实践中去寻找热点话题，关注民众的"共鸣点"所在，避免因与民众的生活实际相脱离而变成无源之水。同时，需要转变传统宣传教育工作中过于强调理论灌输和知识传递，而对民众内在的需要和情感认同方面关注不够的问题。需要多采取平等沟通和交流的方式。要关注社会主义核心价值观在民间的生成机理和生成轨迹，把握民众的接受规律，使其更好从理论形态回归到民众的生活之中，成为民众日常的价值遵循，促进民众主流价值观的内在生长，让价值认知转化为自觉追求与生动实践。

5.2.7 促进社会主义核心价值观与优质地方特色文化的巧妙结合

地方特色文化是民众身边的文化，体现了当地民众特有的精神气质，深入挖掘优质地方文化中契合社会主义核心价值观要求的积极元素，将社会主义核心价值观与当地优质文化基因巧妙结合，能更好地缩小社会主义核心价值观与当地民众的距离，有效增强社会主义核心价值观的亲和力与感染力。可以通过培养具有鲜明地方特色、体现社会主义核心价值观要求的淳风良俗、借助地方戏曲、建设先贤纪念馆等途径，对社会主义核心价值观进行具体化、本土化的阐述与说明。可以通过打造具有鲜明地方特色的文化礼堂，来有效唤起民众对地方的人物故事、礼仪活动、美妙传说等美好的历史文化记忆，能将当地优质历史文化更好地挖掘与体现出来，同时也能将社会主义核心价值观更好地呈现出来。丰富多彩的优质地域文化能为社会主义核心价值观在特定区域落地生根提供良好的历史文化土壤，有助于更好地在尊重地域差异中获得民众认同，在包容多样中增进价值共识。

5.2.8　营造一个支持社会主义核心价值观民间共鸣的环境系统

人总是生活于一定的环境之中，社会主义核心价值观的民间共鸣是在特定的境况与条件下进行的，必然也会受之影响。要完善奖惩机制，强化舆论引导，对善行义举进行褒奖并大力宣传，对背离社会主义核心价值观要求的社会不良现象进行揭露和批评，形成一个扶正祛邪、弘扬正能量的社会环境。在这样一种良好的社会环境下，符合社会主义核心价值观的言行能赢得民众的支持与赞扬，而人人维护社会正气、捍卫社会公正、促进社会和谐的良好氛围又会鼓舞与感染更多的民众，激发他们对于崇德向善的共鸣。道德评价对民众的价值选择与行为倾向有着巨大的影响。良好道德氛围的形成，需要政府组织和建立道德评议组织，进行道德评价与引导机制的创新，将社会主义核心价值观的基本内容和实践要求融入进去，以充分发挥其引导人、教育人的功能，引导广大民众自觉、积极地参与到社会主义核心价值观培育和践行实践中。

同时，随着信息传播技术的迅猛发展，信息的获取变得更为便捷，渠道也更加多元。而一个人或群体能接触到的信息及其传播活动则构成了一个信息环境，在这一环境中所传递的讯息不仅仅是消息或者知识，大部分还包含着价值和观念，会在无形中对一个人或群体的价值观念与行为选择产生巨大影响。大众传媒作为信息环境的主要营造者，要积极承担起倡导与弘扬主流价值观的责任，多设置积极向上、富有趣味又生动体现社会主义核心价值观的各类议题，多宣传契合社会主义核心价值观的精彩观点和生动事迹，多传递品位高雅、能较好展现社会主义核心价值观的文艺作品，不断增强社会主义核心价值观在民间的传播力和感染力。而对于青少年来说，家庭环境与校园环境的影响显得更为突出。可以通过将社会主义核心价值观融入家风祖训中、依靠长辈的德行素养与言传身教等，把家庭打造成为社会主义核心价值观的一个有效共鸣场。在学校，要将社会主义核心价值观渗透到校园每个角落。从学校的标志性建筑，到校训校规，再到教师的一言一行，无不是社会主义核心价值观的有效载体，能告诉生活于其中的人什么能做、什么不能做，什么值得做、什么不值得做，具有很强的感染力。

从国际环境看，我国社会主义核心价值观既有积极向上、旋律和谐的和声与伴音，也存在不少嘈杂刺耳的杂音与噪音。价值虚无主义、"普世价值论"等西方价值主张"你方唱罢我登场"，制造话语陷进，诱导我国民众调换频道与之共鸣，意图消解中国主流价值观的民间话语权。在这样的形势下，必须以鲜明的态度积极"发声"，努力澄清民众存在的模糊价值认知，主动设置民众关心的议题，拓展社会主义核心价值观在民间的话题覆盖面，创新其在民间的话语表达方式，极力避免出现"噪声"干扰甚至淹没主旋律的现象，使主流价值观发出的"声音"民众能清晰接收，并且爱听爱传，能产生共鸣。

5.2.9　强化思想政治理论课在社会主义核心价值观培育和践行中的主渠道作用 ❶

青少年时期在一个人的价值观形成和确立中十分关键。习近平总书记高

---

❶　陈昌兴.思想政治理论课教学中融入核心价值观教育的困境及应对［J］.山西高等社会科学学报，2015（6）.

度重视青少年的价值观教育，要求"引导青少年扣好人生第一粒扣子"❶。当前，不少青少年受各类消极因素影响，出现价值取向扭曲、人际关系紧张、诚信意识淡化等与社会主义核心价值观要求相背离的情况。在这样的背景下，思想政治理论课教学要紧紧围绕"三个倡导"，促进青少年科学价值观的养成，以更好地应对青少年价值观培育中的价值挑战，对于社会主义核心价值观民间共鸣的实现具有十分重要的意义。

从前面表 3-14 和表 3-17 中有关"民众了解社会主义核心价值观的最主要的途径"的相关调查数据中，也可以明显看到，"书本、课堂、学习培训等"仍是大多数民众了解社会主义核心价值观最主要的途径，这部分所占比例高达 45.3%。同时，在青少年中，这一渠道作用更为明显。因而，思想政治理论课必然要继续发挥对青少年进行系统价值观教育的主渠道和主阵地作用，传播马克思主义理论，强化青少年对当代中国主流价值的认同，激发他们的情感共鸣，并能学以致用，在实践中积极践行。

具体来看，可以从以下几个方面着手，以强化思想政治理论课在社会主义核心价值观培育和践行中的主渠道作用。

一是要将社会主义核心价值观教育融入思想政治理论课的各科教学中。例如，在高校思想政治理论课教学中，在《毛泽东思想和中国特色社会主义理论体系概论》课的教学中，既要在"建设社会主义核心价值体系"部分对社会主义核心价值观进行全面的阐述，也要善于在"建设社会主义法治国家""发展社会主义民主"等部分，对于法治、民主等涉及社会主义核心价值观的内容进行具体而深入的探讨。在《思想道德修养与法律基础》课中，可以将社会主义核心价值观教育融入"爱国主义""人生价值""树立法治理念"等部分的教学之中。而《马克思主义基本原理概论》课可以引导学生就价值观、自由等问题作富有哲理的探讨与思考。总之，在思想政治理论课各门课和各相关章节教学中，都需要有意识地、主动地融入社会主义核心价值观教

---

❶ 习近平.举旗帜聚民心育新人兴文化展形象［N］.人民日报：海外版，2018-08-23.

育，这样才能有效增进学生对于社会主义核心价值观的共鸣。

二是要努力探寻融入社会主义核心价值观教育的方式方法。可以通过使用角色扮演法，让学生们亲身体验与实践他人的角色，能使他们更好地理解别人的处境，体验和感受他人的价值世界、了解他人的价值追求，以及社会对于他们的价值期望，在培养青少年对于其他人的需要、处境、价值追求以及社会对于他们的价值要求的敏感性的基础上，增加他们对于主流价值的认同，并能按照社会对于这个特定角色的价值期望来行事。

可以通过多宣传青少年身边社会主义核心价值观的先进践行典范，来增进他们对于社会主义核心价值观的认同。青少年的价值观尚未完全定型，周边的人对他们的影响很大，可以充分发挥他们周边先进的践行典范在传递正能量，培育和践行社会主义核心价值观中作用。面对转型期多元价值的激烈冲突和西方价值观的渗透，一些人对于社会主义主导价值观认同出现淡化，出现价值观扭曲和精神迷茫，对此，高校思想政治理论课教学要做好思想疏导，按照《关于培育和践行社会主义核心价值观的意见》中提出的"加强社会思潮动态分析，强化社会热点难点问题的正面引导"的要求，积极结合外部社会环境的优化，来提升学生对消极价值观的批判、鉴别能力，以更好地引导学生在"尊重差异中扩大社会认同""在包容多样中形成思想共识"，不断提高他们对于社会主义核心价值观的认同度。❶社会主义核心价值观要真正实现进学生头脑，就必须改变传统的思想政治理论课教学中出现的"人学空场"❷，以及重知识培育而轻情感培育等问题。需要通过与学生周边社会主义核心价值观践行典范建立起紧密的联系，用他们的感人事迹去感化人，去引领青少年的价值取向，这样才能更好地增进学生对于社会主义核心价值观的情感认同。通过充分发挥青少年身边社会主义核心价值观的先进践行典范作用，能在课堂教学中以更加生活化的方式推进社会主义核心价值观教育，让课堂

❶ 中共中央办公厅印发《关于培育和践行社会主义核心价值观的意见》[N].人民日报，2013-12-24.

❷ 鲁洁.人对人的理解：道德教育的基础——道德教育当代转型的思考[J].教育研究，2000（7）.

教学更为接地气，也更易"聚人气"，使社会主义核心价值观变得更为可信、可学。因而，要善于在思想政治理论课教学中找准这些民间践行典范与核心价值观的最佳契合点，从而让各门课程各有侧重地将榜样的宣传弘扬贯穿于其中。例如，在高校思想政治理论教学中，《思想道德修养与法律基础》课可以将民间先进典型融入大学生正确的人生观、价值观的培树中，也可以将其与社会主义道德的弘扬与培育有机结合，以有效引导大学生培育和践行社会主义核心价值观。在《毛泽东思想和中国特色社会主义理论体系概论》的课程教学中，可以将他们的先进事迹融入中国特色社会主义文化建设的相关内容中，特别是在其中社会主义核心价值观建设部分，重视展现"最美人物"在引领社会主义核心价值观践行中的积极作用。总之，要需努力实现主流价值观民间践行典范与原教材内容的有效对接，使课堂教学既能形成宣传核心价值观的效果，又能有效实现思想政治理论课的教学目标。

三是思想政治理论课教学要融入青少年社会主义核心价值观形成与发展的全过程之中。思想政治理论课不仅学生向讲明何为价值观，何为社会主义核心价值观，提高学生对于核心价值观的认知，而且需要在此基础上培养学生对于社会主义核心价值观的情感认同和有效践行。思想政治理论课教学要改变传统教学中重知识传递、轻情感培育的现象，不仅重视核心价值观的入耳与入脑，而且更加重视社会主义核心价值观的"入心"，重视培养青少年的爱国之心、公正之心和敬业之心等，让社会主义核心价值观真正成为学生心灵的罗盘，成为他们情感的寄托。可以在课堂上运用各种社会生活情景、人际互动情景，从有质感的生活中收集形象而生动的课堂教学素材，以及开展各类社会主义核心价值观的实践交流活动等路径，促进青少年情感上的共鸣。最后，思想政治理论课要十分重视青少年对于社会主义核心价值观的践行问题。正如习近平同志所强调的："培育和践行社会主义核心价值观，贵在坚持知行合一、坚持行胜于言，在落细、落小、落实上下功夫。"[1] 因此，要鼓励

---

❶ 习近平 . 当好全国改革开放排头兵 不断提高城市核心竞争力［N］. 光明日报，2014-05-25.

青少年从身边做起，从小事做起，避免说得多而做得少。要努力引导他们坚持言行一致，不能只重视社会主义核心价值观相关知识的传授与灌输，而且必须要关注学生是否真正接受和认同课堂上所传授给他们的知识，并且把他们所学到的相关要求内化成为自身人格的一部分，并且践行之。在传统思想政治理论课教学中，过于强调知识的传授与灌输，并通过考试的方式了解学生是否掌握课堂所教授的内容，而对于学生是否真正认同并在实践中积极践行，则往往是鞭长莫及。思想政治理论课是对学生进行社会主义核心价值观系统教育的主阵地，引导学生树立社会主义核心价值观，不仅仅只是让他们对于事物做出正确的价值判断，对事物的善恶、美丑能正确地分辨，知道什么是值得提倡的，什么是要反对的；同时，也要使他们在社会主义价值观的指引下身体力行。

四是要加强社会主义核心价值观与思想政治理论课教学融合的相关理论研究。思想政治理论课与社会主义核心价值观有效融合需要广泛开展相关理论研究，以更好地提供学理支撑。在当前，社会主义核心价值观已成为学界探讨的中心话题之一，并已围绕社会主义核心价值观的基本范畴、生成规律，以及国家、社会、公民三个层面之间的内在逻辑关系、理论渊源等问题，进行了多维度、多层面的研究，大大促进了社会主义核心价值观进教材、进课堂、进学生头脑。习近平总书记在学校思想政治理论课教师座谈会强调："要坚持价值性和知识性相统一，寓价值观引导于知识传授之中。"❶思想政治理论课教学与社会主义核心价值观的关联性研究也越来越受到重视，并且也有了一些相关的研究成果。例如，有的研究者就高中思想政治课中如何融入核心价值观教育进行了研究，认为应从"聚焦核心内容""关注情感互动""开展学科实践"和"构建真实情景"等方面着手进行努力。❷有的研究者对培育社会主义核心价值观和高校思想政治理论课社会实践教学的内在关联性问题进

---

❶ 习近平.用新时代中国特色社会主义思想铸魂育人［N］.人民日报：海外版，2019-03-19.
❷ 金鸽.例论高中思想政治课渗透社会主义核心价值观教育的四个维度［J］.思想政治课教学，2018（6）.

行了探讨；❶有的学者就社会主义核心价值观融入思想政治理论课教学的方式、模式等问题做了研究；还有的研究者从"加强理论研究""创新教育模式"和"健全管理机制"等方面，进行长效机制的建构策略研究。❷然而学界在这方面的研究仍显不足，需要进一步地开展更为深入与系统的研究，来揭示思想政治理论课与社会主义核心价值观的内在逻辑关联，以为推进社会主义核心价值观更好地融入思想政治理论课教学提供有力的理论支撑。

　　五是要推进社会主义核心价值观教育线上线下教学空间的融合。随着信息技术发展，正如图 3-1 有关民众对于"我的生活已离不开网络"的相关调查结果所显示的，越来越多的民众表示自己的生活已离不开网络。特别是对于青少年学生来说，网络更是一把双刃剑，在这样的形势下，更加需要通过"互联网＋价值观教育"，引导学生在网络生活中树立科学的价值观。通过建设社会主义核心价值观相关在线开放课程，扩大优质的价值观教育资源共享面，能有效打破传统价值观教学过于依赖课堂的时空局限，促进学习者自主学习能力和鉴别能力的提升。对于社会主义核心价值观教育，通过线上线下教学空间的融合，有助于改变传统教育中以课堂、教师、教材为中心的教学模式，改变学生被动学习的状况，拓展社会主义核心价值观教育的时空界限，有助于提升教育时效性和吸引力。通过价值观教育资源共享，同时，针对新时代中国特色社会主义实践的新发展和新要求，能够发挥在线开放平台的相关优势，能及时增加中国特色社会主义实践中涌现的鲜活案例，更新教育内容，突出实效性、时代性与针对性。为此，要通过线上线下教学空间的融合，努力实现根据不同学生兴趣和特点开展个性化的教育，以更好实现社会主义核心价值观的教育效果。要及时增添中国特色社会主义实践最新的、最为鲜活的价值观主题教育内容，使社会主义核心价值观网上教育内容更具时代性和时效性；要充分发挥在线开放平台的开放性和互动性优势，促进课间和课

---

❶　郭开虎.社会主义核心价值观培育与高校思想政治理论课社会实践教学［J］.湖南科技学院学报，2012（8）.

❷　邢瑞娟.社会主义核心价值观融入大学生思想政治教育的长效机制探究［J］.学校党建与思想教育，2018（9）.

后的互动和交流。

5.3　社会主义核心价值观民间共鸣的实践范例分析

5.3.1　从"民间最美现象"看社会主义核心价值观的民间培育 ❶

最近一个时期，我国民间涌现出了"最美司机""最美妈妈""最美护士""最美女教师"……，"最美"成为媒体使用最频繁的词汇之一，也引起了学界的广泛关注。民间"最美现象"是普通民众弘扬和实践社会主义核心价值观的最为鲜活的范例，它的出现是社会主义核心价值观民间培育和践行的一个缩影。民间"最美人物"的大量涌现是社会主义核心价值观的最佳体现。这些在我们身边大量涌现的民间草根英雄，是民间平凡民众崇德向善、积极践行和引领当代中国主流价值的先进典范，能使"三个倡导"更为接地气，更具生命力。民间"最美人物"的善行义举所铸起的"最美精神"是"三个倡导"的生动诠释，高度契合社会主义思想文化建设的价值取向和实践要求。民间"最美现象"的产生何以可能？民间"最美现象"对社会主义核心价值观民间培育和践行的具体功能是什么？社会主义核心价值观培育和建设工程的实施路径如何选择？如何培育更多的"民间最美现象"？这些成为该部分研究关注的几个问题。

5.3.1.1　民间"最美现象"的产生

有学者在探讨道德榜样如何产生时，概括了四种产生机制：道德榜样的先验论、发现论、需要论和实践论 ❷。这一理论分析对我们追溯"最美现象"的产生提供了重要的借鉴，我们认为后三种同样适用于分析"最美现象"如何产生这一问题。

---

❶　该部分更多相关论述可参见本人拙文《核心价值观融入思想政治课教学的新路径——基于民间最美人物的视角》(《中学政治教学参考》2016 年第 33 期)，以及本人(第一作者)和陈奇娟合作完成的论文《从民间"最美现象"评价活动的显著成效看核心价值体系工程实施的路径选择》(《学术论坛》2013 年第 4 期)。

❷　廖小平.论道德榜样——对现代社会道德榜样的检视 [J].道德与文明，2007（2）.

（1）是在民众自发和政府倡导下共同推动产生的。民间"最美现象"由于产生于民间，就更需要人们去发现。它的发现，常常带有偶然性的特点。普通民众往往是民间"最美现象"的发掘者与传播者。在现代社会，网络成为普通民众传播信息、获取信息，以及评价信息的重要渠道。这种自下而上的"最美现象"产生方式带有着鲜明的自发性质，是在民众之间平等的、积极参与和相互作用基础之上产生的。同时，"最美现象"所承载和代表的是主流价值观，易被政权机构认可。政权机构掌握着强大的宣传机器，具有最大的道德号召力，因而"最美现象"就能够在极短的时期内迅速得到宣传，被最广泛的社会公众了解和认可。总之，在"最美现象"的发现中，社会公众利用网络平台的传播，再加上传统媒体与政府部门的宣传，这种"自下而上"与"自上而下"方式的结合，社会认可与权威认可的呼应，使得现代社会的"最美现象"能够在较短的时间内得到最广泛、最迅速地发现。

（2）是个体需要与社会需要有机统一。对"最美现象"的需要，可以分为个人需要和社会需要。对民间"最美现象"的个人需要，主要是由于人的道德发展不平衡性和人向善的本性所决定的。人是一种有限而追求无限的存在物，是一种超越性的存在，其只有在不断创造和生成新的世界与人自身中生存。不能没有精神支撑与精神家园的慰藉，特别是在当前，面对汹涌而来的市场经济大潮，面对纷繁喧哗的物质世界，更要注重共同理想教育，努力引导民众确立起远大的理想与崇高的信念，以帮助他们重建精神家园，使他们不沉溺于物欲与眼前，让他们的心灵有所寄托。民间"最美人物"蕴含着普通民众力求克服自身的"有限性"、不完满性，努力超越自身道德局限和向往真、善、美的这样一种内在的道德力量和精神追求。这也为广大民众树立了道德提升的参照和目标。社会则为民间"最美现象"的产生提供了土壤。一方面，现代社会的种种"道德迷失""道德滑坡"现象需要"最美精神"的弥补和安慰；另一方面，中国的社会道德建设与精神文明建设、和谐社会的构建，也需要越来越多的"最美现象"，而且这些不断涌现的"最美现象"既是社会道德建设的成果，又能够增强民众对社会主义道德建设的信心和对社会主义主流价值观的认同。因此，"最美现象"的产生是个体需要与社会需要的有机统一。

（3）产生于中国特色社会主义的伟大实践中。从道德榜样的实践论视角看，道德榜样是在一定的社会实践过程之中孕育、发展和最终产生的。民间"最美现象"和民间"最美人物"的产生亦不能脱离具体的鲜活的社会实践。一方面，正是中国特色社会主义的伟大实践造就了民间"最美现象"和"最美精神"。不同时代必然产生与之相适应、符合时代要求的"最美现象"，与时俱进是"最美现象"的品质。反之，不同的"最美现象"体现着不同的时代精神和社会价值观。另一方面，"最美人物"们也通过自身的社会实践，不断地改造客观世界与主观世界，推动社会历史向前发展。人民群众通过自身的社会实践制造越来越多的"最美现象"，并推动"最美现象"走向"最美中国"。

5.3.1.2　民间"最美现象"在推进社会主义核心价值观民间共鸣中的功能

首先，"最美现象"是社会主义核心价值观的实践形态，是社会主义核心价值观民间培育和践行的现实范例。

社会主义核心价值观建设，既包含理论建构，又包含理论转化。具体而言，我们既要注重理论发展与理论创新，又要推动理论转化为"人民群众的自觉追求"与社会实践，成为改造世界的物质力量。科学理论的实践性决定了社会主义核心价值观大众化的价值诉求。而社会主义核心价值观大众化，这一命题又包含两个过程："由外而内"的过程和"由内而外"的过程。前者是指把外在的理论内化为人民群众心中的理想信念、道德律令和行动准则；后者是指人民群众把理想信念、道德律令和行动准则变成自觉的社会实践。简言之，社会主义核心价值观大众化，就是要让人民群众能够对此内化于心、外化于行，变成自觉性认同和能动性行动。

民间"最美人物"是民众身边的先进模范，是"三个倡导"的积极践行者和示范者。当前，我国正处于社会转型期，随着社会主义市场经济的不断深入发展，随着中国的全面深化改革进入深水攻坚区，面对世界范围内思想文化的激烈交融与交锋，中国的价值观建设也面临着极为复杂的形势。在这样的情况下，民间"最美人物"用自身的先进事迹来生动诠释和描绘社会主义核心价值观，他们用自己的一言一行引领和感召周边的人，让人们懂得什么是有价值的，是值得追求的，对价值多元化背景下我国主流价值观念的倡导和培育起到了很好的引领和导航作用。积极弘扬民间"最美人物"所展现的道德力量，宣传他们崇高、不畏艰险、不怕个人得失的精神，有助于更好地传递正能量，在引导民众积极行善和抵制社会不良风气的影响等方面，有着极大的价值意义。社会主义核心价值观共鸣的实现首先取决于人民群众对于其"内化"的程度。但是每个个体在理解、接受、认同、信仰程度和价值追求的自觉程度上存在层次性和差异性，"最美人物"毫无疑问是把社会主义核心价值观内化于心并外化为实际行动的先进典范，他们的言行能使"三个倡导"在民众中变得更为可观、可学，能使其在民间变得更为丰满化与形象，在促进社会主义核心价值观的民间培育和践行中起到了很好的示范与引领作用。

"最美人物"和"最美现象"的出现，为社会主义核心价值观的民间培育和践行提供了一个很好的样本。

社会主义核心价值观如何"由内而外"，变成普通民众的精神追求和实践行为？社会主义核心价值观民间共鸣的推进应该是一个系统的、全面的工程。实践性是社会主义核心价值观的本质特性，人民群众是社会主义核心价值体观民间共鸣的主体，人民群众的社会实践是实现民间共鸣的根本途径。社会主义核心价值观的生成、认同和发展，从根本上来说，是民众实践的结果。社会主义核心价值观必须融入群众的社会实践生活，让民众在实践生活中去体悟，才能更好促发共鸣。民间"最美现象"本质上属于群众性的实践活动，它与社会主义核心价值观具有内在的同一性。民间"最美精神"是人民群众在现实生活中不断实践和积淀而生成的，是社会主义核心价值观的人格化、现实化和形象化展现，是其实践形态和现实范例；"三个倡导"需要通过一系列"最美现象"在社会生活中得到阐释、印证和实践；"最美现象"向社会公众展现了其生命力和感召力，并影响越来越多的人认同和践行。

其次，"最美现象"是真善美的完美统一，有助于促进社会主义核心价值观良好生态环境的形成。

美国学者白鲁恂（Lucian Pye）把发展中国家现代化过程中所面临的不稳定状态概括为六大危机，即认同危机、合法性危机、命令贯彻危机、参与危机、整合危机与分配危机。❶中国作为发展中国家，并且正处于社会转型期，在从传统社会向现代社会转变的现代化进程中，难免也会碰到这些危机。有效化解这些危机，成为中国现代化过程中必须要完成的任务。比如，我们需要通过构建社会认同机制去有效化解社会认同危机。社会认同机制，就是运用社会宣传、教育与沟通等多方面机制，用主流意识形态引导和教育民众，帮助民众形成与社会发展相适应的核心价值观念。在此，社会主义核心价值观发挥着根本性指导作用，它是影响社会成员行为取向的最根本的价值理念，具有整合社会价值观、调控非主流价值等功能。

社会主义核心价值观要有效发挥其价值整合与社会认同的功能，有两点值得注意：首先必须找到其认同载体；其次离不开优良的社会环境机制，或者说社会思想生态。

在社会多元化背景下，推进社会主义核心价值观建设，必须要构建价值认同载体，使社会主义核心价值观通过这些社会载体与社会生活保持对接，在真实的生活情境中增强认同感。一个个"最美人物"就是社会核心价值观的价值认同载体，他们虽然是"小人物"，但是却承载了核心价值观，"最美现象"是价值认同转化为实践行为的"最美体现"。

优良的社会生态环境能够发挥健康向上的作用，推动社会主义核心价值观的民间践行。恶劣的社会生态环境则会产生极大的消极作用，则可能消解社会主义核心价值观的感召力和影响力，不利于人民群众对社会主义核心价值观的认同、接受与践行。鉴于此，建设社会主义核心价值观要与改进和优

---

❶　李德臣，杨福忠.从当前国家同农民的关系看农村社会稳定［J］.中国特色社会主义研究，2004（2）.

化社会生态环境有机结合。

　　"最美现象"充分展现了普通民众的人性光辉和道德闪光点，具有强大的民间感染力。"最美人物"的言行真实而具体地体现了他们的优秀道德品质，是他们内在道德修养的真情流露，如此自然而又真切。"最美人物"之美，从实质上来说，是一种特殊的社会美——道德美，是美好的心灵、人格的感性显现，从而把抽象的理性要求转换为感人的具体形象。"最美现象"在社会主义核心价值观的推行中发挥着不可替代的作用："最美现象"通过其"真善美"的统一，影响和改造着民众的主观世界；鲜明体现了普通公民的奉献意识、参与意识、责任意识，能够引领健康、向上的社会风尚。这有利于民众确立起科学的价值取向和行为准则，也有利于培养人与自然、人与社会、人与人以及人与自身的和谐关系，可以有效增强普通民众对社会主义核心价值观的认同与共鸣。鉴于此，"最美现象"所释放出来的正能量成为优良社会思想生态的重要部分，有利于促成建设社会核心价值观的社会环境机制。总之，一个个"最美现象"营造了良好的社会氛围，这种氛围是社会主义核心价值观民间推行必不可少的软环境，对后者起到支持和强化的作用。

　　最后，"最美现象"为社会主义核心价值观的民间培育和践行提供了一种全新的思路：政府与社会的良性互动。

　　事实上，社会主义核心价值观的构建及发挥作用的实践过程，就是政府不断地"与社会对话"的过程。社会主义核心价值体系的推行需要政府与社会的良性互动，一方面，需要充分发挥政府的主导作用；另一方面，又要加强全社会的主动参与。正是通过政府与社会的不断"对话"，社会主义核心价值观的民间培育与践行才能不断进行。未来社会，社会建设的重要性将逐渐凸显，公民教育也是现代教育的基本方向。政界和学界已经认识到，社会主义核心价值观的推行应该与社会公众的社会生活紧密结合，并融入国民教育中。

　　在传统的"大政府、小社会"的背景之下，由政府进行道德评价、选择道德典范、树立道德权威、进行道德示范，这是社会价值观整合的重要途径之一。随着"小政府、大社会"的趋势日益明显，政府—社会的互动日益增多，以及社会生活的世俗化，这种传统模式的影响力已经开始逐渐弱化，加上随着网络的普及和信息传播技术的进步，道德评价主体不再是单一的政府机构，而是向民间转移，广大人民群众在道德评价活动中的主体作用得到进一步增强。也就是说，在现代社会，在日常生活中所体现出来的那些被群众所广泛认可的、闪光的市民人格，越来越能够发挥其道德影响力。

"最美现象"产生于民间，"最美人物"一般是普通的市民，体现了市民人格。"最美人物"正是凭借这种非权力影响增强其他社会公众对于社会主义核心价值观的认同程度。

不容否认的是，"最美现象"所代表和承载的是社会的主流价值观，具有极大的道德示范作用；"最美现象"蕴涵的精神品质是社会主义核心价值观要求的集中体现。基于此，当一种"最美现象"被发现之后，政府会在很短的时期之内，通过树立和宣传"最美现象"来整合社会主流的道德观、价值观，从而使之普遍化，使社会主义核心价值体系得到越来越广泛的推行。政府的主要作用在于为"最美现象"构建良好的机制和搭建合适的平台。例如，政府可以建立相应的激励机制鼓励人民群众的道德践行，在肯定现有"最美现象"的同时，鼓励更多"最美现象"涌现。再如，"最美妈妈"吴菊萍、"最美女教师"张丽莉，"当代雷锋"郭明义，作为道德模范群体参加党的十八大，从而使这些"最美现象"的正能量通过政府的平台，在社会中得到最大化地释放，这就是社会与政府有机结合的表现之一。

5.3.1.3 "最美现象"对实现社会主义核心价值观民间共鸣的启示

社会主义核心价值观如何能更为有效地激发民间的向善之心，让民间涌现更多的平民英雄？如何从"最美现象"走向"最美中国"？我们认为需要构建社会主义核心价值观民间共鸣机制，从而培育"最美现象"、唱响"最美声音"。民间共鸣机制包含民间载体、民间评价和教育机制、民间传递机制和反馈机制、民间良性循环机制。

（1）社会主义核心价值观的民间培育和践行需要创新民间载体。在社会多元化背景下，推进社会主义核心价值观建设，必须要构建价值认同载体，使社会主义核心价值观通过这些社会载体与社会生活保持对接，在真实的生活情境中增强认同感。除了政治性载体之外，要充分发挥民间的社会性载体和网络性载体的作用。❶例如，通过学校、社区、行业部门、志愿者组织、慈善组织、环保组织、宗教团体等各种社会组织的力量，整合各种资源，调动各方面的积极性，开展形式多样和内容丰富的社会活动，从而实现政府行为与民间组织的良性互动，形成全社会积极参与的联动机制，推进当代中国主流价值的大众化。网络现在已经成为人们的一种"生活方式"，由于其时效性、互动性、平等性、开放性等优势，成为传播"三个倡导"的最要载体之一。例如，人们通过网络发现、传播"最美现象"，从而使更多的人认同、践行社会主义核心价值观。

（2）社会主义核心价值观的民间培育和践行需要民间评价和教育机制。"最美现象"之"美"，本质上是一种"道德之美"。对"最美现象"的评价，说到底是一种道德评价。道德评价对人们的行为导向发挥着很大的作用。政府应该引导建立各种道德评议组织，创新评价引导机制。❷充分发挥各类道德评议组织的作用，并将"三个倡导"的具体内容与实践要求贯穿其中，使这类道德评议组织在引导民众自己教育自己、自己提升自己的功效得以充分体现，有助于更好、更为广泛地动员民众积极参与到当代中国主流价值观的培育和弘扬中来。

社会主义核心价值观的民间践行离不开相关的宣传与教育。教育者应该选择民间最能认可、理解和接受的方式、话语开展相关的教育与宣传工作。榜样教育一直以来是社会价值观整合的重要方法。鉴于此，教育机构和媒体可以充分利用"最美人物"进行榜样教育，"最美人物"的草根性决定了其易于被民间所关注和接受。核心价值观的培育者可以通过多样化的方式方法和各类载体把"最美人物"和"最美事迹"内涵的精神鲜活地展现出来，不

---

❶　林仕尧.社会主义核心价值体系建构的历史与逻辑［D］.南京：南京大学，2012.

❷　杨明，郭广银，李克海.关于社会主义核心价值体系理论与实践研究——以江苏省为例［J］.江苏社会科学，2009（3）.

断增强民间核心价值观培育的真实性、生动性与感染力，进而能更好推进民众对于"三个倡导"的接受与认同。通过引导民众对民间这些践行典范的认知与认同，提升到对他们的自觉仿效和他对们内含精神品质的主动学习和宣传，有助于在民间形成人人积极学习践行典型和宣传典型的良好氛围。简言之，通过最美人物的榜样教育有利于促成建设社会主义核心价值观的民间生成机制。

（3）社会主义核心价值观的推行需要民间传递和反馈机制。"三个倡导"只有在民间引起有效共鸣，才能在民间扎根，更好地从理论形态向实践形态转化。在这个过程中，就如同两个音叉共振需要通过空气传递能量一般，社会主义核心价值观也需要一定的传递机制，才能将其输入到基层民众之中，让民众认识她、认同她，这样才能激发民间的向善之心。这就需要进行社会主义核心价值观的民间传递机制的研究与创新，探索社会主义核心价值观如何才能更为有效地向民间传递，探寻向民间传递的方式以及传递的介质是什么等问题。

此外，"三个倡导"怎样才能在民间引起更为有效的反应？这需要不断地尝试与调整，在社会主义核心价值观这一声源发声之后，就需要去了解民间是否发生有效共振，"振幅"怎样，如果效果与民间的固有"频率"对不上，则可根据反馈回来的信息作相应调整，使民间最终能与之同频共振，发出美妙的旋律，最终产生"最美现象"。

（4）社会主义核心价值观的推行需要民间有效共振的良性循环机制。社会主义核心价值观通过传递机制，输入到民间并且引起民间的共振效应，便会产生更多"最美人物"。而对"最美现象"进行提炼与总结，又可以丰富和发展社会主义核心价值观，这是一个良性的循环过程。在这个持续运转的良性循环系统之中，社会主义核心价值观得以不断地丰富与发展，民间的正能量得以不断被激发与聚集，"最美人物"也会越来越多地涌现，社会主义核心价值观在民众的实际践行中也能得以真正的升华。此外，还要关注民间涌现"最美现象"之后，如何能使"最美现象"在民间引起更为广泛的共振效应。宁波大学的冯铁山教授认为："'最美'现象反映了这个社会代代相传的善，这本身就是一种传承之美。"❶ 这些从普通人身上所展现出来的人性光辉，与人们内心深处的求善本质正好相符合，所以才会引起社会上的广泛共鸣。这里的"相符合"和"共鸣"，也是我们这里想表达出的频率相符而广泛"共鸣"（"共振"在声学上亦称"共鸣"）。"最美现象"本身便是民众内心深处求善本质的激发与放大，容易被民众所认同，在民间也便极易会引起更为广泛的共鸣。

5.3.2　从台州继承和弘扬垦荒精神看社会主义核心价值观的民间培育和践行

垦荒精神是社会主义核心价值观的生动诠释，是社会主义道德要求在实践中的鲜活展现，具有丰富的价值意蕴，能够转化为我国主流价值观建设的宝贵资源和推动社会文明进步的强大力量。从 1956 年 1 月起，在团中央"建设伟大祖国大陈岛"的号召下，一批批垦荒队员奔赴浙江台州的大陈岛，他们不畏艰辛，勇于开拓，将个人的奋斗和国家、社会的发展有机结合，在开发和建设大陈岛的伟大事业中挥洒汗水，奉献青春，经过长期的实践与积淀，终于铸就成了"艰苦创业、奋发图强、无私奉献、开拓创新"的"垦荒精神"。在 2016 年的"六一"国际儿童节前夕，习近平总书记回信大陈岛老垦荒队员的后代，回信中写道，"60 年前，你们的爷爷奶奶远离家乡，登上大陈岛垦荒创业，用青春和汗水培育了艰苦创业、奋发图强、无私奉献、开拓创新的垦荒精神"，并称赞"他们是最可敬的人"。❷ 大陈岛垦荒精神既是对社会主义核心价值观的生动诠释，又是台州在长期的社会实践过程中形成的有鲜明本土特色的价值共识，能够为当地人民所认同和接受，日益成为当地人民的价值共识与共同的价值追求，是推动社会主义核心价值观在民间落地生根的宝贵精神资源。

---

❶　浙江"最美现象"引起热议　一起寻找美的力量［N］.浙江日报，2012-09-12.
❷　继承和弘扬大陈岛垦荒精神　热爱祖国好好学习砥砺品格［N］.人民日报，2016-06-01.

5.3.2.1 垦荒精神的价值意蕴

垦荒精神凝聚着志愿垦荒者的青春、热情、汗水和奉献，其所具有的丰富价值意蕴，需要进行不断挖掘和提炼，以使其充分转化为社会主义核心价值观建设的宝贵资源，更好地推动社会的全面进步。

（1）垦荒精神体现了一种无私奉献的崇高境界。垦荒队员自愿到艰苦之地，奉献青春，挥洒汗水，用自己的真诚付出为国家的发展、社会的进步和人民的幸福事业注入源源不断的动力。垦荒队员乐于奉献，不求回报。"当垦荒结束时，这些垦荒队员所带的东西和来时一样，是一床变旧的被子和几件退了色的换洗衣服，留下的却是自己的青春与汗水。"❶垦荒队员用自己实际行动生动诠释了什么叫无私奉献。他们把对国家、社会和他人的责任，自觉转化为自身内在的道德要求，自觉自愿地为国家、社会和他人付出，展现出了极高的道德自律。他们这种自愿付出的利他行动，是他们内在向善之心的真情流露，是这样的自然而然，纯洁而真挚。垦荒队员以自身的实际行动说明，只要在道德实践中不断提升自身修养，就能实现境界的跃升，不断接近或成为具有崇高境界的人。垦荒队员的先进事迹，是激励人们克服以自我利益为中心，在道德上勇于攀越，实现自我境界提升的宝贵精神财富。

伟大的实践需要崇高精神的支持和激励，垦荒精神正是我国人民为实现社会主义现代化而不懈奋斗的生动写照。大陈岛垦荒队员响应团中央"建设伟大祖国的大陈岛"的号召，登上大陈岛垦荒，过着勤俭的生活，主动承担责任和使命，努力开垦荒芜之地，为建设伟大的祖国而顽强拼搏，他们身上所展现的崇高精神是社会主义奋斗精神的最佳体现，也是当前我国夺取新时代中国特色社会主义伟大胜利和实现中华民族伟大复兴的中国梦的宝贵精神财富。

（2）垦荒精神内含爱国、敬业等社会主义核心价值观所要求的优良品质。良好品质的养成，不能只靠"清夜扪心"和"独自冥想"，而需积极投身社

---

❶ 周凌华. 功劳 苦劳 疲劳［N］. 台州日报，2010-10-13（07版）.

会实践，主动在社会交往与实践中接受锤炼，提升自我修养。垦荒队员正是在充满艰辛和险阻的垦荒道路上，经受住了考验，磨炼出了艰苦创业、奋发图强、开拓创新等优良道德品质。面对困境，他们不轻言放弃，而是选择迎难而上，自强不息，通过自己的不懈努力和顽强拼搏来成就理想、铸造辉煌。垦荒队员离开了家乡，告别了亲人，放弃本可更加平坦、安稳的生活，到艰苦卓绝的荒芜之地扎根、奋斗。他们艰苦朴素，甘于吃苦，乐于吃苦，虽经历坎坷，但忍得了单调，耐得住艰苦，顶得住诱惑。面对挫折与困境，他们不怨不等，勤动脑筋，边学习边实践，保持昂扬的斗志，锐意进取，勤勤恳恳地为新家乡的建设贡献汗水和智慧。垦荒队员在艰苦条件下克勤克俭，面对艰险奋发进取，遇到困难多动脑筋，他们身上体现出的这种精神风貌和高尚品质极为可贵。垦荒精神经过了长期的积淀，凝聚着历史文化的精华，随着时代的变化不断丰富与完善，其不仅仅是属于某个时代所特有，不会随着时代和实践的发展而褪色，不管在哪个时代，这都会被视为一种强大的精神力量，一种美好的道德品质，对道德进步与社会主义核心价值观建设有着极大的促进作用。

垦荒队员干一行、爱一行、钻一行、精一行的爱岗敬业精神和敢于吃苦、务实肯干的精神，能激励当代青年沉下心来，在各自的岗位上勤勤恳恳，不断地钻研学习，勇于克服种种困难，为国家的富强和民族振兴多做贡献。垦荒队员为了社会主义建设事业和人民的幸福事业奉献青春，迎难而上。他们贡献巨大，却不求索取、无怨无悔。他们的家国情怀和奋斗精神无疑会影响和激励更多的人积极投身到新时代中国特色社会主义的建设之中。倡导和弘扬垦荒精神，能有效凝聚人心，引导人们到祖国需要的地方去，志愿于基层与艰难之地，为决胜全面建成小康社会和夺取新时代中国特色社会主义伟大胜利而贡献力量。

（3）垦荒精神集中体现了社会主义的主流价值导向。垦荒队员志愿到祖国最需要的地方去，在艰苦的环境中自强不息，为了国家的富强、民族的振兴和人民的幸福事业奉献青春，实现了为社会、集体创造价值和实现自我价值的有机统一。"垦荒精神"是一种以奉献社会为荣的崇高精神，集中体现了社会主义的主流价值要求，有助于引导民众在与民族整体价值关系的和谐中实现和提升自我价值。特别是在当前，我国社会结构深刻变动，社会阶层逐渐分化，利益主体日益多元，价值取向多样化的特征也越发明显，道德领域也出现了一些令人忧虑的倾向，一些人对社会主义主流价值和中华民族传统美德持怀疑态度，出现了价值迷失和道德失范现象。甚至于有些人错把艰苦朴素当作"穷酸"和"吝啬"，把坚守善良和恪尽职守看作"迂腐"和"顽固"，又把挥霍当成了"大方"，追求享受，斤斤计较，不愿付出，价值观严重错位。在这样的形势下，伦理学作为一门特殊的价值科学，必然要重视挖掘垦荒精神这类体现真、善、美的精神，来彰显社会主义主流价值，为人们提供科学的价值目标，使人们在当前复杂的社会环境中能明辨是非、美丑与善恶。大力倡导和弘扬垦荒精神，有助于培育起开拓进取、甘于奉献的精神，引导人们追求有意义的人生，转化成为"中国梦"的重要精神源泉。

垦荒精神有助于巩固和发展积极、向善的价值主流，增强对社会主流价值观建设的信心。社会道德文明的进步和发展，需要通过不断的"惩恶"和"扬善"共同推动。在当前我国社会转型期，道德领域面临"感动与疼痛交织、忧虑与希望同在、主流进步与问题突出并存"的复杂形势。对于我国市场经济大潮下出现的良心泯灭、道德底线击穿、影响恶劣的道德败坏事件，必须要进行批判和谴责，如果恶人得不到惩罚，坏事成风，会严重扰乱社会秩序。而在"惩恶"的同时，必须同时要重视"扬善"，用"垦荒精神"这类体现真、善、美的精神激励人、感召人，注重以正能量示人，能不断增进民众对我国社会主义主流价值建设的信心。在看到通过道德批评和谴责，通过有效"惩恶"，在推动社会道德文明进步一面的同时，也要看到其中带有的负面效应。一味强调对社会丑陋面和黑暗面的揭示和批评，过度传播负能量，会导致转型期存在的价值失范问题被过度放大。由于负面信息更易引起人们的好奇心，加上一些媒体为了"博眼球"，有意炒作价值观领域的"坏消息"以引起社会的关注，极易导致价值观领域的感动和主流上的进步被遮掩，会使民众对我国社会主义价值观建设的信心产生负面影响。在这样的情形下，大力倡导和弘扬"垦荒精神"，把垦荒队员的事迹传播传开来，为垦荒队员们喝彩，让他们的精神成为民众的价值共识，对于更好地避免道德领域出现消极、悲观和阴暗的情绪，使民众对社会主义主流价值观建设维持积极、乐观、向上的心态具有重要的价值意义。

　　（4）垦荒精神蕴含丰富的道德情感。垦荒精神有助于激发人们的情感能量，是道德教育的一种强大力量。垦荒队员为争取祖国的富强而不懈奋斗，他们不怕苦、不怕累，把对祖国的热爱融入到了自己的垦荒实践中，处处能让人感受到他们强烈的爱国心和使命感。在我国垦荒历程中，往往军民团结一致，他们奋发图强、锐意进取，谱写了一首首战天斗地的赞歌，同时也能生动展现军民之间的同志情谊。垦荒队员具有强烈集体荣誉感和责任感，他们团结互助，为了集体利益忘我付出。在 1956 年的 8 月，大陈岛上的垦荒队员遭遇到 12 级强台风的袭击，猪舍和牛棚都倒塌了，垦荒队员冒着 12 级台风把惊逃的猪仔一头头救回。垦荒队员这种为维护集体利益而顽强拼搏、以及在成功维护集体劳动成果后表现出的自豪感和荣耀感，正是强烈集体荣誉感和责任感的充分体现。"没有炽烈的道德情感，当然也就不会有对善的热烈追求。"❶垦荒精神所蕴含的丰富道德情感，作为垦荒队员艰辛垦荒生活中的一种特殊体验和感知，其所具有的刻骨铭心之情和荡气回肠之感，体现着垦荒队员对生命真谛和人生价值的追寻，展现出了垦荒队员整体的精神面貌，其能穿越时空的界限，孕育和诱发人们追求美好道德的意愿和情感，转化为人们崇德向善的巨大情感动力。释放垦荒精神中所蕴含的丰富的道德情感能量，不断点燃人们的道德情感火花，引导人们用心感受垦荒队员的崇高道德品质和人格魅力所具有的震撼人心的力量，能有效激发人们对崇高道德的情感共鸣，为人们道德上的提升和积极向上提供情感动力。

　　（5）垦荒精神促进了崇德向善的良好氛围的形成。大力倡导和弘扬垦荒

---

❶ 刘英杰，刘震宇. 伦理学导论［M］. 哈尔滨：哈尔滨工程大学出版社，2013：147.

精神，以其所蕴含的丰富内涵、崇高追求和美好品质，来唤起民众内在的向善之心，激发他们的仿效热情，增强他们对生命价值的理解和把握，对于引导民众积极参与道德建设和促进良好道德风尚的形成具有巨大的价值意义。垦荒队员虽是草根"小人物"，但却是社会主义道德要求的承载者和体现者。他们来自民间，体现了普通公民对真、善、美的追求，契合平凡民众的道德认同，有着深厚的社会根基与强大的民意支持，会对民众产生一种非权力的影响。老垦荒队员的现身说法也更容易使民众产生亲近感、信任感与敬佩感，能使周边的民众心悦诚服并乐于仿效，能带动更多的人弘扬真、善、美，传递正能量，促进良好道德氛围的形成。垦荒队员在主动承担时代赋予的责任与使命的同时，也向民众表明了国家、社会和他人对他们的价值期盼，向人们展示了什么是美好的价值，告诉人们何为真正的真、善、美，能使民众受到教育、感化和启迪，有助于引导民众从中汲取道德的力量，积极见贤思齐，提升自我道德素养，丰富自身的精神世界，从而有力促进健康、向上、文明道德风尚的形成。

当前，我国人民的物质生活水平不断提高，但不少人过于沉溺于物欲和眼前，却忽视了精神水平的提高。面对不少人道德防线被冲垮，在追求物质的洪流中随波逐流，迷失自我。人们开始惧怕"道德崩坏"、忧虑"人心不古"，同时也渴望寻求正能量，来化解心中的道德焦虑。人不能没有精神上的支撑和精神家园的慰藉。垦荒精神为人们加强道德修养，不断完善自我提供了目标参照。垦荒队员用自己的一言一行，为人们树立了崇高的人格楷模，做出了高尚的品德表率，显示了人的生命何以最大价值的存在。垦荒队员志愿奔赴荒芜之地参与垦荒建设，他们真诚自愿的付出行动，体现和折射出了他们的道德水准，展现出了一种纯洁高尚的道德境界，为人们追求道德上的自我完善竖起了一个道德标杆，给人们带来了精神上的鼓舞、心灵上的震撼和道德上不断进步的精神动力。继承和弘扬垦荒精神，引导人们从垦荒队员的光辉事迹和奋斗旅程中汲取道德的力量，并以此反思自身的人生价值，探究自身生活的意义和生命的真谛，有助于缓解转型期人们的道德焦虑，能有效唤起人们内在的向善之心，激励人们积极地追求崇高，促进人们思想道德境界的提升。志愿垦荒者是社会主义道德要求的自觉实践者，他们以质朴、纯洁的品行，真实、鲜活的形象和爱国、奉献的情怀，深化了民众对道德力量的认知和认可。在当今社会，垦荒精神在引领社会风尚，推进道德建设中依然有着极大的价值意义。倡导和弘扬垦荒精神，就是要凝聚一股强大力量，鼓舞民众奋力投身新时代中国特色社会主义建设的斗志；倡导和弘扬垦荒精神，就是要竖起一个道德标杆，为人们不断提升道德修养提供目标参照；倡导和弘扬垦荒精神，就是要形成一种良好氛围，激励人们崇德向善。

在当前我国经济发展进入新常态之际，"大众创业、万众创新"备受关注和期待，倡导和弘扬垦荒精神也有着特殊的价值意义。创新创业的过程中充满了艰辛和挑战，强大的精神支持不可或缺，大力倡导和弘扬垦荒精神也正逢其时。垦荒队员本身便是艰苦创业、开拓创新的鲜活范例，他们的精神在当前依然能鼓舞创新创业者的斗志，使他们意志坚强，有助于激励人们积极担负起创新创业的历史重担。同时，垦荒精神内含的积极人生价值追求、崇高的奉献精神和强烈的责任担当等，是创新创业者必须要养成的非智力品格，能培育人们对美和道德上的善的鲜明判断力，有助于人们将自己的创新创业活动与社会的发展、国家的振兴有机结合，是引导人们发挥积极性和创造力为国家多做贡献的精神源泉。

5.3.2.2　大陈岛垦荒精神：社会主义核心价值观民间培育和践行的台州范本

大陈岛垦荒精神是台州推进社会主义核心价值观本土化建设的鲜活缩影。台州经过长期的凝练和培育，形成了为当地民众所高度认同，又集中体现社会主义核心价值观要求的价值共识，它便是"艰苦创业、奋发图强、无私奉献、开拓创新"的大陈岛垦荒精神。其一经形成就对人们的思想与行为产生了巨大而深刻的影响，能为当地社会经济的发展和道德秩序的维持提供基本的价值支撑。一种精神的产生和弘扬，往往离不开国家的倡导与主流价值观的引导。在美国，个人主义是其价值观的核心所在，美国西部的拓荒精神与其倡导的个人主义紧密相连。而大陈岛垦荒精神的生成，则离不开我国社会主义主导价值观的长期引导，也与各方的高度重视与不断推进密切相关。大陈岛垦荒精神是在爱国、友善、奉献等社会主义主导价值观的孕育下生成的，其与社会主义核心价值观的实践要求高度耦合。同时，党政各界的高度重视，大众传媒的深入挖掘和大力宣传，民众的积极响应，最终使大陈岛垦荒精神成为弘扬正能量，推进社会主义核心价值观本土化建设的鲜活载体，有助于社会主义核心价值观更好地从理论形态走向普通民众的生活实践，使之变得更为可亲、可近与可学。

大陈岛垦荒精神是社会主义核心价值观民间培育和践行的一次成功实践，大大促进了社会主义核心价值观在台州的本土化传播。大陈岛垦荒队员动机单纯和德性醇厚的无私奉献精神，在平凡岁月里爱岗敬业、忠于职守的精神，以及为共同理想坚韧不拔、不懈奋斗的精神，生动展示了社会主义核心价值观，能让民众更好地认识何为真正的真善美，并能激励人们积极效仿。大陈岛垦荒队员都是来自民间的普通"小人物"，但他们的精神和行为却承载着我国主流价值观的内核，充分发挥大陈岛垦荒精神的载体作用，无疑会促进社会主义核心价值观的台州践行，使它更为深入人心，对推进社会主义核心价值观在台州民间落地生根有着巨大的价值意义。

大陈岛垦荒精神集中体现了社会主义核心价值观民间培育和建设的要求，有效推进了社会主义核心价值观与台州社会主义建设实践的有机结合。在中共中央办公厅印发的《关于培育和践行社会主义核心价值观的意见》中提出，培育和践行社会主义核心价值观要"做到贴近性、对象化、接地气"[1]。的确，社会主义核心价值观需要本土化，需要与"地方性知识"有机结合，找到与当地民众的思想结合点，才能更好转化为当地群众的价值共识与自觉追求，才能更为接地气。以大陈岛垦荒精神助推社会主义核心价值观的本土化建设，有助于社会主义核心价值观更好地在民间落地生根，使其更为接地气。在党的十九大报告中，做出了"中国特色社会主义进入新时代"的重要判断。以

---

[1]　中共中央办公厅印发《关于培育和践行社会主义核心价值观的意见》[N].人民日报，2013–12–24.

大陈岛垦荒精神助推社会主义核心价值观本土化建设，使社会主义核心价值观更好地找到与台州民众的思想结合点，更好转化为台州人的价值共识与自觉追求，以此凝心聚力，激励斗志，能为台州在新时代、新征程中推进经济社会不断发展提供强有力的精神支撑。

5.3.2.3　大陈岛垦荒精神对社会主义核心价值观民间培育和践行的助推功能

大陈岛垦荒精神由于其地域上的本土性、缔造者的草根性与思想上的引领性，使其在扩大社会主义核心价值观的民间传播，以及促进社会主义核心价值观在当地落地生根中具有独特优势。

（1）垦荒精神对社会主义核心价值观民间培育和践行的助推功能主要表现在以下几个方面。

第一，增进社会主义核心价值观本土认同的功能。大陈岛垦荒精神有着鲜明的台州本土色调，为台州人民所感同身受，对社会主义核心价值观的本土化建设能起到巨大的助推作用。台州民营经济的崛起史，在一定意义上说也是一部台州人民"艰苦创业、奋发图强、无私奉献、开拓创新"的奋进史。白手起家、艰苦创业、奋发图强、开拓创新，这是当时台州人民致富之路上的共同际遇，也使得他们能对"艰苦创业、奋发图强、无私奉献、开拓创新"的大陈岛垦荒精神产生了深刻的情感认同。垦荒队员的榜样作用是无穷的，充分发挥大陈岛垦荒精神的纽带作用，能使社会主义核心价值观更好地转化为台州民众的自觉追求与社会实践，在传递正能量，推进社会主义核心价值观本土化建设中意义重大。特别是中国特色社会主义进入了新时代，就必须面对新时代的召唤和新征程的使命，这也更需台州在新时代要充分发挥大陈岛垦荒精神在增进社会主义核心价值观本土认同中的作用，能使社会主义核心价值观真正走入人们内心深处，这样才能在新时代更好地凝心聚力，创造辉煌。

第二，强化社会主义核心价值观民间感染力的功能。大陈岛垦荒队员是来自民间的平凡人物，他们体现出了作为一个普通公民的人性光辉，有着较为深厚的社会根基，能使民众觉得易学、可信，极易使民众产生敬佩心、依赖感和亲切感，因而也更接地气，更具感染力。大陈岛垦荒队员哪里需要去哪里，"把青春献给大陈岛！"他们用自己的一言一行，谱写了一曲曲平凡人的不凡赞歌，兑现了对国家和人民的承诺，也影响和感染了越来越多的人，使他们的情感受到熏陶，心灵受到震撼。人们的价值取向也会在无形中被这种在细节处展现出的"平民英雄"的光辉人格所影响。只有在这样强烈的情感碰撞与积极的情绪体验下，社会主义核心价值观的培育和践行才能更具亲和力和感染力，才能更好地在民间引发广泛的情感共鸣。

第三，提升社会主义核心价值观民间引领力的功能。社会主义核心价值观贵在实践，志愿垦荒队员积极投身到中国特色社会主义建设中，他们不畏艰辛，选择"到祖国最需要的地方去！到最艰苦的地方去！把青春献给大陈岛！"，把共同理想与敬业、创业的职业精神有机结合，把对国家的热爱、对民族振兴的渴望融入自己的一岗一哨里，实现了自身的人生价值与为人民服务的有机统一。他们是社会主义核心价值观的自觉践行者，他们在平凡岁月中的奉献、奋斗与坚守是社会主义核心价值观要求的具体展现。他们用自己的言行生动展现出了平凡草根人物的奉献意识、参与意识和敬业意识，能够引领健康、向上的道德风尚。充分发挥他们的引领和示范作用，会有效唤起民众内在的向善、向上之心，能引领和激励更多的民众，使他们自觉接受和践行社会主义核心价值观，有助于带动社会主义核心价值观的民间践行，促进良好社会生态环境的形成。

（2）垦荒精神对社会主义核心价值观民间共鸣有巨大启示意义。社会主义核心价值观建设需要从生动的社会实践中不断汲取丰富营养和道德力量，垦荒精神便是在社会主义建设实践过程中逐渐孕育而成的。这要求我们要有发现的眼光，善于挖掘社会主义伟大实践中所透露出的真、善、美，并善于进行提炼和概括，并赋予其新的时代内涵，以形成无数像垦荒精神这样体现真、善、美的精神，从各个领域和不同侧面展现和表达民族精神与时代精神，并且及时通过宣传与引导民众的积极参与，以使其在实际生活中不断地扩展影响并引发共鸣。对于垦荒精神这类代表和承载我国社会主流价值观与体现真、善、美的精神，其培育和弘扬离不开党和政府自上而下的积极倡导与推动，需要媒体的大力宣传，也需要对老垦荒队员这些先进典型给予更多关爱与尊重，以有助于在全社会更好地形成"好人有好报"的良好氛围。同时，垦荒精神的弘扬与培育也离不开民众的自下而上的参与和推动。垦荒队员是源自民间的平民英雄，老垦荒队员更是群众看得见、摸得着的道德模范，这些平民英雄在当今社会日益显现出巨大的道德感染力，民众能够通过自身的观察、体悟，以及民众间的互相交流与思想碰撞，来实现对垦荒精神这类代表和承载着我国社会的主流价值观的认同与践行。垦荒精神能得到社会大众的广泛认同，还在于其所蕴含的深厚文化底蕴，能使其更好地契合我国民众的历史文化认同和接受心理。伟大的事业需要伟大的精神，而只有认真汲取中华民族优良道德传统的智慧效用，才能更好地构筑起中华民族共有的精神家园，为新时代中国特色社会主义建设提供强大的精神支撑与深厚的道德滋养。垦荒精神是社会主义核心价值观建设的宝贵资源，其大大丰富和发展了中国精神，有助于更好地揭示和把握社会主义建设实践中展现出的真、善、美的精神的形成规律。培育和弘扬垦荒精神的探索与实践能给当前我国社会主义核心价值观建设提供一个很好的样本参照和许多宝贵的经验启示。

5.3.2.4　垦荒精神的生成逻辑

垦荒精神是对志愿垦荒者在我国社会主义建设的伟大实践中所体现出来的精神风貌和高尚品质的提炼与总结，其蕴藏在志愿垦荒者艰苦奋斗、忘我付出的实际行动中，根植于中国优秀传统文化的丰厚沃土，伴随着时代和实践的发展不断积淀和升华，在党和政府的高度重视、积极倡导和社会各界的大力推动下而最终形成。

从个人层面看，垦荒精神是志愿垦荒者实现自身人生价值和完善道德人格的需要。垦荒队员告别亲人，自愿放弃安逸生活，义无反顾地登上荒芜之地，投身到垦荒建设事业之中。这种无私的力量之源不是来自外在的物质利益的诱惑和驱动，而是来自于他们内心深处的良心和道义力量的激励，是理想的感召和自我道德人格完善的需要，是垦荒队员将个人需要和社会需要相结合所做出的价值选择，是他们内在道德自由的展现。人不仅追求着物质上的富足，在意识到自身存在的局限性和不完满性后，会积极把握有限的人生，去实现自己的人生价值，追求道德人格上的完满。垦荒队员虽然去时一双鞋，回时一双穿旧的鞋。他们没有获得物质上的收益，但他们将个人的价值追求融入到了垦荒事业中，自愿到祖国最需要的地方去，挥洒汗水，贡献自己的青春、智慧和力量。荒地在垦荒队员的辛勤耕耘下显出无限的生机，在他们无私付出的同时，虽然没有物质收益，但他们精神上更加充实了，人格更完满了，他们也最大限度地实现了自我价值。

从社会实践基础看，垦荒精神是我国社会主义价值要求在实践中的生动展现。人是处于一定社会关系中的现实的人，需要与人交往，需要爱与被爱，需要他人的帮助，是一种社会性的存在。因此，垦荒精神的生成，不仅要从垦荒队员个体的内部去寻找与分析，还需从垦荒队员所处的更为广阔的社会生活中去寻找与分析。垦荒精神是在社会主义建设的伟大实践中产生的，是我国社会主义社会关系中人的精神特质的体现，是社会主义价值原则与规范在社会生活领域的生动展现。在美国西部的边疆开发、垦荒探险中虽然也需要人们自力更生、艰苦创业，但这些努力往往是与个人主义相联系的。"对于拓荒者来说，每个人都是一个自力更生的个人，完全有能力照顾自己而无须社会帮助。如果他在路边跌倒了，那只能怪他自己，因为他没有很好地利用他的机会……"[1] 当时在美国西部的这些拓荒者的探索与奋斗，其目的也往往是为了个人利益，而和无私奉献无缘，他们"迁往新地方和探索新事物的勇气，就是单干的勇气，是完全、彻底、雄心勃勃地专注于自身利益的勇气"[2]。不同的人受不同社会文化的熏陶与再教化，往往会形成不同价值取向。垦荒活动在个人主义条件下，私欲和贪婪被激发了，但却与自愿奉献无关；而在我国，垦荒精神却是一种为国家、民族和人民利益而无私奉献的精神，这是

---

[1]　雷·艾伦·比林顿.向西部扩张——美国边疆史（下）[M].韩维纯，译.北京：商务印书馆，1991.

[2]　丹尼尔·J.布尔斯廷.美国人——建国的历程[M].谢延光，等译.上海：上海译文出版社，1989：77.

集体主义原则最高尚的道德表现。也正是在我国特有的社会经济关系和道德要求下，在社会主义建设和改革开放的伟大实践土壤中，才能孕育出崇高的"艰苦创业，奋发图强，无私奉献，开拓创新"的垦荒精神。

从文化底蕴和时代要求看，垦荒精神是我国优良传统美德与当今时代要求的有机结合。垦荒精神与中华民族在几千年的历史发展中积淀而成的传统美德高度契合，同时又承载着时代的价值追求，与当今时代的发展趋势和节律相衔接，是以爱国主义为核心的民族精神和以改革创新为核心的时代精神的生动表达。垦荒精神与中国传统道德所倡导的"先天下之忧而忧，后天下之乐而乐"的以天下为己任的奉献和担当精神高度契合。垦荒队员在艰苦的环境中，坚忍不拔，饱尝艰辛而不屈，他们的崇高品质和昂扬姿态，是中华民族自古以来所崇尚的"刚健有为、自强不息"的奋斗精神的生动彰显。垦荒队员把共同理想与敬业、创业的职业精神有机结合，他们身上展现出的这种崇高品质和价值追求是中华民族爱国报国、敬业乐群、忠于职守等传统美德在社会主义道德实践中的充分展现，是社会主义道德建设永不枯竭的宝贵资源，在岁月面前依然熠熠生辉，历久而弥新。在当今时代，随着物质生活的改善，人们也越来越关注精神上的美好与温暖体验的获得，期望得到精神上的引领，渴求正能量来荡涤道德杂质，缓解转型期间的道德焦虑。垦荒精神体现和承载着当代中国社会的主流价值取向，蕴藏着巨大的道德力量，能给人们带来心灵上的慰藉，化解道德上的焦虑，成为大众道德上的楷模和行为上的向导，对于大众的道德修养具有极大示范意义。

从保障条件看，垦荒精神的生成需要志愿垦荒队员的责任担当和坚强意志，也需要党和政府的高度重视作为保障。垦荒精神离不开责任意识和担当精神，只有拥有强烈的责任感，才不会被安逸悠闲的生活所诱惑，才会勇于挺身而出，为了国家的富强、民族的振兴和人民的幸福而辛勤垦荒和忘我付出，自觉承担起对他人、社会和国家的责任。垦荒队员需要在恶劣的环境下生活和奋斗，会遭遇种种困难险阻，只有拥有坚强的道德意志，才会以顽强的毅力和不屈的精神不懈地探寻生命的真谛和人生的意义，才能在垦荒实践中不断丰富和完善自身，最终实现自我价值。从这一视角看，垦荒精神是一种勇气、责任和担当精神，是一种炽热的情感，也是一种坚定不移的意志。正是依靠这种内在信念和强烈的道德责任感，一代代垦荒队员们始终保持不断进取的精神状态，顽强拼搏，自强不息，在不断地奋斗中取得了巨大的垦荒业绩，也促成了垦荒精神的最终形成。同时，垦荒精神的产生和弘扬，也离不开党和政府的高度重视和积极倡导。特别是习近平总书记给大陈岛老垦荒队员的后代的回信，使垦荒精神为更多的人所熟知。正是党政各界的高度重视和不断概括提炼，大众传媒的深入挖掘和大力宣传，使垦荒精神获得了民众的积极响应，最终成为传递正能量、弘扬真、善、美的"道德活泉"。

5.3.2.5 大陈岛垦荒精神助推社会主义核心价值观培育和践行的实现路径

大陈岛垦荒精神如何才能有效助推社会主义核心价值观的本土化建设？这是一个涉及众多方面的系统工程，总的来说可以归纳为"做好一个融合""建构两个互动机制""搭建三个平台""抓好四个关键群体"。

（1）要做好一个融合。以大陈岛垦荒精神助推社会主义核心价值观本土化建设，需要把大陈岛垦荒精神融入台州本土经济社会发展的实践中，以不断推进社会主义核心价值观的本土化建设。在台州，随着改革开放的深入和经济社会的快速发展，这个城市积累了丰富的社会财富，培育出了一批优秀的企业经营人才。更为重要的是，她在经济社会发展的实践中，积淀下来的这种"艰苦创业、奋发图强、无私奉献、开拓创新"的精神。这一精神是社会主义核心价值观的生动体现，并日益成为台州成员间整体的、共有的、稳定的价值共识，将其融入台州经济社会发展的实践中，能更好地在发展中将经济效益与社会效益相统一，把经济行为与价值导向相结合。

"艰苦创业、奋发图强、无私奉献、开拓创新"的大陈岛垦荒精神，是一代代垦荒队员铸就而成的，同时，这种垦荒精神在长期的社会发展实践中为台州人所感同身受，已经成为台州人民所认同和接受的共同价值观。1978年，台州人均 GDP 只有 224.44 元，是浙江省最后一位。改革开放后，正是台州人民不怕艰辛，艰苦创业，开拓创新，才走出了一条台州特色的民营经济发展之路，实现了台州跨越式的大发展，成了中国改革开放的一个成功样本。台州民营经济的崛起史，在一定意义上说也是一部台州人民艰苦创业、奋发图强、开拓创新的奋斗史。吉利汽车成功收购沃尔沃引发了广泛的关注，吉利汽车的董事长李书福也以自身富有的台州形象出现在全球媒体的视线，这位当年不起眼的民营企业家出身于农民家庭，在他刚开始进军汽车行业时，汽车工业大老们因为有"农民"进来搅局而闹心，说他是不懂汽车的"疯子"；甚至有人断言，他要生产汽车就离破产不远了。他的一些豪言壮语还被他人当作笑话："别人都说汽车不好搞，很了不起，把汽车工业搞得很神秘。其实，汽车无非就是两条沙发加上四个轮子。"被行业内人士嘲笑为"彻底的农民"。但他不怕苦，不怕穷，从照相生意到造冰箱，再倒腾到造汽车，碰到困难从不气馁，坚持不懈，开拓进取，终于成就了全球瞩目的大事业。白手起家、艰苦创业、奋发图强、开拓创新，这也是当时台州人民致富之路上的共同际遇，也使得他们对于"艰苦创业、奋发图强、无私奉献、开拓创新"的大陈岛垦荒精神产生了深刻的情感认同。企业家在自己致富的同时，也为经济社会发展做出了贡献，不少企业家还积极回馈社会，他们有的援助西部捐钱建希望小学，有的捐助物资帮助西部发展，还有的企业家致富之后反哺家乡，体现出了无私奉献的精神。例如，当前台州不少新乡贤的"无私奉献，反哺家乡"的事迹被广泛报道。

（2）要建构两个互动机制。一是要搭建垦荒队员与民众的互动机制，特别是与青少年的互动。通过聘请老垦荒队员为德育导师，邀请他们到学校做讲座，让老垦荒队员以自己的亲身经历，通过与学生的近距离交谈与交流，来传递正能量，引导学生进行正确价值选择和价值追求，激励青少年自觉践行社会主义核心价值观。二是要建构政府与民众的互动机制。大陈岛垦荒精神对社会主义核心价值观民间培育和践行的助推作用的实现离不开政府自上而下的推动、宣传与倡导。大陈岛垦荒精神所代表和承载的是社会的主流价值观，具有极大的道德示范意义；经过长期的凝练与积淀，大陈岛垦荒精神最终生成之后，党政各级通过迅速地倡导与宣传，充分发挥其价值整合功能，来引导和协调民众的价值判断，促使民间尽快形成稳定的、体现社会主义核心价值观要求的价值共识，并激励民众积极践行，使社会主义核心价值观在民间获得了越来越广泛的认同。同时，这也离不开民众的积极参与和互动，大陈岛垦荒队员身上所展现的这种被群众普遍认同的平凡公民的人格，在当今社会日益显现出巨大的道德感染力，能使民众通过自身的观察、体悟以及民众间的互相交流与思想碰撞，自发形成对我国社会主流价值观的认同与践行。总之，只有政府与民众积极的互动与对话，才能更好发挥大陈岛垦荒精神的载体作用，推进社会主义核心价值观的落细、落小。

（3）要搭建三个支撑平台。一是要搭建理论支撑平台。加强理论合作平台建设，注重整合精英研究力量，加强与高校等理论人才聚集单位的合作，形成稳定的研究团队，使相关理论研究工作更为常态化。以组织相关研讨会、座谈会等形式，搭建理论交流平台，总结实践经验，研讨实践难题。通过设置课题指南、征文选题等，引导和激励社科理论工作者，对大陈岛垦荒精神及其在助推社会主义核心价值观民间培育和践行中的关键性问题进行研究。搭建理论传播与共享平台，把研究的优秀成果出版，通过设立刊物、网站相关专栏进行介绍与传播。

二是构建实践教育平台。将大陈岛垦荒精神的学习教育与社会主义核心价值观建设有机融合起来，组织学生、党员、干部等走进大陈岛参与基层社会实践，通过参观大陈岛青少年宫、陈列馆以及大陈垦荒纪念碑，跟随当地居民参与建设美丽渔村、美丽海岛等活动，来切身体悟当年老垦荒队员所走过的垦荒之路，在学习大陈岛垦荒精神的过程中深切感受道德的力量，通过本地可观可感的教育实践更好地理解社会主义核心价值观的精神内核。通过组织老垦荒队伍进行历史事迹的巡回宣讲、编印大陈岛垦荒回顾史画册、拍摄纪录片等，利用这些富有地方特色、生动活泼的教育内容和活动载体，推动大陈岛垦荒精神及社会主义核心教育观教育进机关、进校园、进社区基层，实现社会主义核心价值观教育在民间的常说常新、深入人心。

三是建构立体传播平台。除了政府主动传播大陈岛垦荒精神，助推社会主义核心价值观本土化建设之外，要发挥学校、社工服务组织、志愿者组织和慈善组织等非政府组织和机构的主动性和积极性，形成政府和民间的有效联动。在微时代还要善于利用微平台，充分发挥大陈岛垦荒精神来自民间、具有草根性和平民性的优势，充分发挥微博、微信这些"平民舞台"在传播中参与度广、互动性强的优势，促进传播中时间和空间的充分融合，顺利实现民众自我教育和自我推动，让民众成为传播、实践和弘扬新时代大陈岛垦荒精神和社会主义核心价值观的真正主体。

（4）要抓好四个关键群体。党员干部和公众人物的价值取向，对于人民群众价值观的树立具有明显的示范性与导向性，会深刻影响民众对我国主导价值观的认同与践行。因此，党员干部和公众人物需要严格要求自己，要以自己的实际行动和良好形象影响和引导民众共同学习大陈岛垦荒精神，弘扬社会主义核心价值观。青少年是大陈岛垦荒精神助推社会主义核心价值观民间培育和践行需要抓好的又一群体。青年正处于价值观形成和确立的关键时期，抓好他们的价值观养成十分重要，"这就像穿衣服扣扣子一样，如果第一粒扣子扣错了，剩余的扣子都会扣错"❶，同时，"少年儿童的心灵都是敏感的，准备接受一切美好的东西"❷。因此，对于青少年，要更加注重正面的宣传教育，特别是要注意消除负面信息对青少年的敏感心灵的刺激，弘扬大陈岛垦荒精神，向他们释放更多正能量，使"艰苦创业、奋发图强、无私奉献、开拓创新"的精神得以传承和延续，无疑能大大增进他们的文化自信和价值观自信。同时，要充分发挥先进典范的引领和示范作用，不少企业家在自己致富的同时，也为经济社会发展做出了贡献，并且还积极回馈社会，他们有的援助西部捐钱建希望小学，有的捐助物资帮助西部发展，还有的企业家致富之后反哺家乡。他们的言行是"艰苦创业、奋发图强、无私奉献、开拓创新"精神的体现，也是培育和践行社会主义核心价值观鲜活的本土楷模，能引发他人进行效仿，能把自己身上所展现的主流价值观普及于他人，使之成为更

---

❶　习近平.青年要自觉践行社会主义核心价值观［N］.人民日报，2014-05-05（02）.
❷　习近平.从小积极培育和践行社会主义核心价值观［N］.人民日报，2014-05-31（02）.

多人的价值共识和价值追求，从而有力促进社会主义核心价值观的落地生根。

5.3.3　乡贤文化：社会主义核心价值观民间培育和践行的有效乡土载体 ❶

2015 年 2 月中央一号文件指出："创新乡贤文化，弘扬善行义举，以乡情乡愁为纽带吸引和凝聚各方人士支持家乡建设，传承乡村文明。" ❷ 这体现了对传承乡贤文化工作的高度重视，同时也为塑造良好民风家风指明了基本方向与价值遵循。乡贤是民间有德行有名望有才能并受当地民众尊重的人，乡贤文化是本土本乡历代乡贤的价值意识、价值信仰、道德修养、人格操守等积淀而成的文化形态，是在新时代弘扬和培育社会主义核心价值观的一个有效民间载体。作为中国传统文化在乡野的表现形式，乡贤文化具有显著的地域性、认同性、亲缘性。着眼于新的时代背景与发展态势，积极传承和弘扬优秀乡贤文化，是增强民众价值自信的有效路径。

5.3.3.1　乡贤文化在推进社会主义核心价值观民间培育和践行中的意义

乡贤文化是乡村涵育社会主义核心价值观的宝贵乡土资源。传承是一种超越与创新，而不是照搬照抄、僵化移用。传承乡贤文化，是在挖掘与整合民俗风情、历史事件、谚语俗语、传说故事等宝贵史料的基础之上，结合新时代的发展要求，提炼符合当代中国发展要求的思想元素，祛除不符合新时代发展要求的思想观念，赋予乡贤文化以新的时代内涵与意义。因而，新时代的乡贤文化是传统乡贤文化的现代转化与创新发展，是社会主义核心价值观根植乡土、贴近群众，有效促进了其在民间落地生根和开花结果的宝贵资源。

乡贤文化是培育社会主义核心价值观的重要民间载体。社会主义核心价值观与新时代的乡贤文化具有共通处，乡贤文化能够促进社会主义核心价值观的民间培育和践行。比如"爱国、敬业、诚信、友善"，指出了培育什么样的公民的基本问题。乡贤文化中包含着家训、乡规、族规等内容，都是由乡

---

❶　该部分可具体参见本人（第一作者）和杜才平、杨宇琦合作完成的论文《文化自信视域下乡贤文化的当代功用与自觉传承》（《台州社会科学》2019 年第 3 期）。

❷　中共中央国务院 . 关于加大改革创新力度加快农业现代化建设的若干意见［N］. 人民日报，2015−02−02.

村的乡贤制定的，其内容主要是规劝人们处理人际关系的基本要求，如道德修养、和睦相邻、严惩盗贼、环境保护、纠纷调解等方面。勤奋、朴实、自勉的思想观念深深地印刻在乡贤群体的内心之中。诚信也是在中国乡贤文化中世代相传，是教导人们为人处世的准则。爱国是乡贤文化的落脚点与归宿。乡贤的爱国源于对家乡的热爱，乡贤熟悉本乡的文化历史、风土人情、地理物产，敬祖先，热心于本土本乡的建设，对当地村落的贡献不可小觑，并感染后人。崇尚厚重、友善、平和的价值理念，强调和睦的家园意识，既是具有人文关怀与人文意识的价值取向，也是乡贤文化代代相传的不变意蕴。由此可见，新乡贤能够成为社会核心价值观民间的倡导者和引领者。

传承和弘扬乡贤文化能为社会主义核心价值观的乡村培育和践行创造良好氛围。乡贤文化在乡村体现为一种软治理、一种软约束，乡贤文化所包含的道德力量和文化品格，不仅能够延续地区文化血脉，而且能够教化乡民，涵化乡村风气，润泽民众心灵，会潜移默化地影响民众的价值取向，激发他们崇德向善。传承和弘扬符合新时代发展要求的乡贤文化，是我们构建乡村文明的重要方式，也能为社会主义核心价值观的民间培育和践行创造良好氛围。乡贤之所以受到重视与爱戴，其原因很多，既有功名、学识、事业上的突出表现与显赫成绩，更是他们具有的那种高尚、谦逊、公正和奉献乡里的精神品质。早在两汉之际，有重臣、名士回归故里，为地方百姓讲解礼法、德行，以及处世之道。历代乡贤都曾注重培养后进、捐资兴学、普及教育文化、引导乡土世风，肩负着协调社会秩序、改善风俗习惯以及完善人文环境的职责与使命。当下，面对生存环境的变化、重利轻义观念的蔓延，一些乡村的民众出现了是非善恶不清、知荣辱的观念渐被侵蚀，拜金主义、享乐主义、极端个人主义等思想有所抬头，严重破坏了风清气正的乡村环境。深入挖掘和大力弘扬乡贤文化，促进乡贤文化的现代转化，向民众宣传乡贤的优秀道德品质，展示地方优秀的乡土文化资源，能够引导民众树立尚德、知礼、奉献的价值取向，为地方优良民风的形成注入强劲精神动力，最终推动乡村文明发展进步和社会主义核心价值观的乡土融入。

5.3.3.2 乡贤文化在推进社会主义核心价值观民间培育和践行中的现实困境

当下，乡贤文化在推进社会主义核心价值观民间培育和践行上还面临着乡贤精英流失、乡贤文化自我迷失，以及乡贤文化资源开发利用功利化与形式化等方面的挑战。厘清乡贤文化在推进社会主义核心价值观民间培育和践行中的时代之困，才能采取有效应对之策并更好发挥乡贤的价值引领作用。

乡村精英的流失导致乡贤文化淡化和价值引领力的弱化。乡贤是中华优秀传统文化在乡村的自觉传播者，同时也闪耀着新时代的道德光芒。然而在当下，城镇化催生了乡贤精英的不断流失，已然成为乡贤文化传承中不容回避的重要现实难题。今天，我们所说的乡贤已经不局限于传统的乡贤绅士，而是学者、企业家、地方文教工作者、优秀基层村干部、道德模范等，乡贤已不仅仅是"富乡贤""官乡贤"，还包括"德乡贤""文乡贤"，他们是优秀传统文化的传承者，同时也是社会主义核心价值观的乡村实践者和引领者。自改革开放以来，我国城乡二元结构逐渐被打破，城乡之间流动性较大，但城乡之间在教育、医疗、社会福利、基础设施等方面存在着显著的差距。城镇化进程的推进与虹吸效应，使得乡村人口大规模融入城市，并且流动的多是大学生、优秀村干部、具有较高文化程度的青壮年，这一方面推动了中国城市的发展，另一方面也使得农村出现空心病。乡村精英的流失，会使乡村文化建设和乡村价值观培育方面缺乏相应的引领者和推动者，导致乡贤文化的传承和核心价值观的民间传递缺乏载体。那么，如何留住乡贤、如何发挥乡贤的价值引领作用，是我们在城市化背景下传承乡贤文化必须反思的问题。

乡贤文化对民众价值观的影响力遭到多元文化的冲击与消解。新时代的乡贤文化孕育于乡村大地，植根于乡间沃土，既是中国传统的乡村社会的文化沉淀，又是新时代条件下的批判发展。当下，面对多元文化价值观念的冲击与挤压，乡贤文化显得日渐式微，民众对乡贤文化的自觉选择、对乡贤文化价值的认知日渐迷茫。第一，封建残余思想死灰复燃，使得民众对乡贤文化功能的认知出现了迷茫与彷徨。当下，封建文化的腐朽思想沉渣泛起，迷信风俗、专制糟粕、厚黑人际关系、流氓习性等卷土重来，对民众的思想与行为带来了负面影响，使得民众对乡贤文化优化民风、涵育核心价值观等方面的作用出现认知迷茫现象。第二，西方价值观念冲击着民众对乡贤文化的自觉选择与传承。公民社会、宪政民主、普世价值等思想观念以满足部分民众猎奇、愤世嫉俗的心理喜好，极具诱惑性与煽动性，也使一些民众对乡贤文化蕴含的价值观表现出怀疑、排斥的情绪，导致民众对乡贤文化的传承产生困惑，出现不知道该如何选择和是否应当坚信的问题，由此陷入了乡贤文化继承和弘扬的自我迷茫之中。第三，多元社会思潮的侵蚀模糊了不少民众的价值评判标准，影响了对乡贤文化的正确评价和判断。民主社会主义、新自由主义、消费主义等思潮以不同的价值取向解构中国传统的价值观念，导致民众长期坚守的乡贤文化价值观瓦解，不再追求"崇高"，是非观念、价值标准模糊，进而在价值多元化冲击下出现价值迷失与困惑。

乡贤文化资源开发功利化倾向。乡贤文化是中国优秀传统文化的重要组成，是社会主义核心价值观民间培育值得重视的乡土载体。传承乡贤文化是我们对我国文化价值与核心价值理念充满自信的重要体现。乡贤文化是具有人文气息的文化产业，是具有独特性的区域文化资源。开发乡贤文化，是乡贤文化价值实现的重要方式，也是推动社会主义核心价值观区域培育和践行的重要路径，有助于实现我国乡村文化产业发展和社会主义核心价值观乡村培育的融合推进。文化的本质是化人，文化是兼具经济效益与社会效益的统一体，其中，社会效益是首位。乡贤文化资源的开发必须将社会效益摆在最为根本最为关键的位置，需要充分发挥其育人功能。然而，近年来，乡贤文化资源在开发利用方面存在着一些功利化的倾向。一些地方开发乡贤文化，只是将其作为拉动地方经济发展的商业行为，从事宣传地方民俗、开展人文风光之类的展示活动，缺乏长远的、规范化的、有特色的文化发展规划，忽视了文化社会效益与商业效益的平衡与协调，也导致部分地方的民众只是将乡贤文化资源的开发视为增收的一种方式而已，认为乡贤文化、乡土思想可有可无。在这种情形下，一旦这种增收愿望无法达成，民众便会对乡贤文化产生抵触、抱怨的消极情绪，对乡贤文化的认同感与归属感更难以产生。此外，一些地方对乡贤文化宣传存在过多的谋利气息与说教化倾向，而忽视了其育人和化人的作用。因而，要努力促进乡贤文化的制度化、常态化、系统化的建设，努力发挥其在提升当地民众的道德素质、改善乡村风气方面的作用，使其能更好促进社会主义核心价值观的民间践行。

5.3.3.3 乡贤文化推进社会主义核心价值观民间培育和践行的实践策略

新时代的乡贤文化在推进社会主义核心价值观民间培育和践行中有极为重要推助作用，充分发挥与实现乡贤文化的价值引领作用，离不开我们对乡贤文化本身的自信与自觉反省。同时，也须激励乡贤特别是"不在场"的乡贤回归地方，以乡贤精神引领乡村价值观建设；还要通过宣传教育、舆论引导等多样化形式实现社会主义核心价值观的民间共鸣。

要加强各类乡贤文化资源的开发利用，使之成为乡村培育和弘扬社会主义核心价值观的重要价值资源。乡贤文化既有看得见的文物、文献等资源，也有地方流传的非物质形态的故事、传说。要充分挖掘和发挥这些乡贤文化资源所承载的主流价值观内涵来引导民众的价值取向。要做好乡贤文化史料的收集和整理，编制乡史、乡志、乡俗，编撰家风、家训，特别要加强对重要乡贤人士的研究。例如，自 2017 年以来，台州市椒江区政府积极组织人员编写《椒江区乡土历史文化丛书》，以传播椒江故事、挖掘乡土历史文化，使椒江的学子了解和热爱自己的乡土文化。当民众通过这些了解并敬仰乡贤的事迹和贡献时，便有助于他们产生爱国爱家的价值取向与自觉行动。

要以乡贤的建设实践展现社会主义核心价值观的乡村践行。地方政府应积极搭建平台，以创新创业、慈善事业等为契机，激发乡贤回归家乡、参与家乡建设的积极性与责任感，争取使外出家乡的乡贤真心真诚支援家乡建设。通过他们切实可感的奉献行为，来展现他们的真诚之心和优良品格，这会影响和感染周边的民众，使他们产生赞许、肯定和喜爱之情，能使越来越多的人钦佩和学习他们，进而形成良好的氛围。

要为乡贤文化推进社会主义核心价值观的民间培育和践行创设各类平台。定期举办以乡贤为主题的讲座与活动。开设乡贤文化课堂或讲座，把宣传乡贤文化、传承乡贤精神作为重要内容，注重优秀道德典型精神的弘扬。[1] 邀请乡贤开设道德课堂，培育"好乡风""好家风"，激励民众追求真善美；建设乡贤文化广场、文化长廊，评选文明家庭、优秀干部、致富创业能手等先进典型，让乡村贤达成为社会主义核心价值观民间培育的一个个鲜活载体。乡贤是美丽乡村的建设主体，只有注重乡贤培育，才能更好为乡贤文化传承和社会主义核心价值观乡村培育提供内生动力。地方政府要统筹安排，积极邀请文化产业经营者、文化专家、地方乡贤代表等围绕乡贤文化育人开展讨论，并通过公开宣讲、学习和经验交流活动等创设继承和弘扬乡贤文化的良好氛围，引导民众正确认知乡贤文化，并以此确立崇尚乡贤、敬重德行和自觉践行社会主义核心价值观的思想观念。

在当前，要特别重视发挥新媒体的独特优势，来充分发挥乡贤文化对社会主义核心价值观民间培育和践行作用。要切实发挥新媒体的优势，充分利用"微传播"，拓宽乡贤文化的传播渠道，实现乡贤文化的数字化传播，使之广为民众了解，以更好发挥其社会主义价值观的民间载体作用。可以开发数字化产品，使乡贤文化、新乡贤的形象活化在人民身边；可以利用微信、微博、移动网络等新媒体加强对乡贤文化的概念、典型开发案例等方面的宣传；计算机动画技术的发展能够带来极为真实的宣传效果，可以利用虚拟技术，开发 3D 虚拟仿真系统，制作乡贤动漫、动画等，表达人们对乡贤人物的认知、态度，唤醒人们的乡贤记忆。通过动静结合的立体开发，能使民众身临其境，真切体验和领悟乡贤文化所承载的主流价值，以使民众更好接受心灵洗礼，形成正确价值取向，提升自我道德素养。

利用新媒体拓宽乡贤文化传播渠道。传承乡贤文化，必须丰富与拓宽乡贤文化资源的开发利用方式，在发挥传统媒介作用的同时发挥新媒体的舆论引导效应。

注重宣传乡贤文化，积极推进乡贤文化进乡村、进学校、进教材。地方

---

[1]　刘淑兰 . 乡贤治理中乡贤文化的时代价值及其实现路径［J］. 理论月刊，2016（2）.

政府要统筹安排，积极邀请文化产业经营者、文化专家、地方乡贤代表等围绕乡贤文化、旅游文化方面的议题，进行公开宣讲、学习、经验交流，引导民众正确认知乡贤文化，并以此确立崇尚文化、敬重德行的思想观念。

5.3.4　以本土道德榜样推进核心价值观的民间共鸣——以浙江台州学习宣传正能量楷模郭文标为例

榜样的力量是无穷的，地方涌现的英雄人物在传递正能量，推进社会主义核心价值观本土化中意义重大，郭文标是见义勇为模范，通过充分挖掘郭文标这些本土先进的事迹，以本土先进模范的力量教育和影响周边更多的人，能让人们从身边的榜样中汲取精神的力量，更好地践行社会主义核心价值观。

5.3.4.1　郭文标精神与社会主义核心价值观的高度契合

郭文标精神与社会主义核心价值观有着很强的内在逻辑关联，郭文彪的言行是社会主义核心价值观的生动诠释，郭文标所展现出的人性光辉是社会主义核心价值观所要求的价值取向，有助于促进社会主义核心价值观的民间认同。

（1）郭文标精神与社会主义核心价值观实践要求的高度耦合。郭文标的事迹生动展现了社会主义的价值导向与要求，是看得见、摸得着的先进模范。郭文标不顾个人得失与安危，在惊涛骇浪中一次又一次抢救回濒临绝望的生命，夺回了500多条生命。他言道："我是一个渔民，只要我有能力帮助海上遇险的人，我都会去救，哪怕是最危险的。"社会主义核心价值观是凝聚社会共识的"最大公约数"，郭文标精神则与当今社会价值的主流相一致，他的言行高度契合了24字社会主义核心价值观。

（2）郭文标是社会主义核心价值观的践行者。社会主义核心价值观重在实践，贵在养成。其已将社会主义核心价值观内化于心，在日常生活中积极践行，并且在长期的坚持中使之成为一种行为习惯，成为自觉的行动，这更加的难能可贵。他说："人就活这么一世，能多做一件好事，就是一件。"社会主义核心价值观最终要靠行动落实，就是在实践中展现，郭文标30多年的坚持，在海上拯救了 500 多条生命，在日常生活中显现了对于社会主义核心价值理念的坚守与弘扬。郭文标说："公益不需喊出来，而需做出来"。这是对他默默自觉地以行动践行社会主义核心价值观的最好诠释。

（3）郭文标是社会主义核心价值观的积极引领者。当前我国正处于社会转型期，在社会主义市场经济的深入发展与世界范围思想文化的交融交锋影响下，我国的价值观建设面临复杂的形势与要求，一些人出现了焦虑、信仰迷茫、道德失范等现象。在这样的情况下，积极发挥郭文标精神的道德力量，宣传他的不畏艰险、不怕个人得失的崇高精神，有助于更好地传递正能量，引导人们积极行善，抵制社会不良风气的影响。这也有助于更好地激发民众的道德情感，认识到国家、社会对个体公民的道德和伦理要求，从而能更好地凝聚正能量，促进社会主义核心价值观践行。

5.3.4.2　社会主义核心价值观的民间培育需要本土草根楷模的引领

道德模范是学习和弘扬社会主义核心价值观的典范，地方道德楷模用自己高尚的道德人格和榜样作用感召身边的民众，可以更好地推进社会主义核心价值观的本土化认同。

（1）郭文标作为当地草根英雄，在引领践行社会主义核心价值观中有着自己的独特优势。由于他来自当地，展现了当地民众的高尚人格，有着深厚的群众根基，更能对生活于他周边的民众产生巨大的影响力和感染力，使生活于他周边的民众产生敬佩心和亲切感以及自觉效仿的心理和行为。社会主义核心价值观要到民间落地生根，就需要同地方这样的草根英雄建立起紧密的联系。郭文标早年以捕鱼为生，是普通的渔民，在 15 岁救起一个老人后开始边捕鱼边救人，之后救人名气大了后放弃捕鱼而专门致力于救援。由于其生活于群众之中，其将手机号码留于码头，许多渔民也都记住了他的号码，有很深厚的群众基础，群众也十分信任他，一需救助就打电话给他。郭文标与传统道德模范相比，没有了"十全十美"，但他却显得更加的有血有肉，他不是高高在上的道德模范，而是人们身边切切实实存在的鲜活样本。他也有救人反被打时的疑惑，他也有海上拾荒补贴家用，他是一个有家有困惑的常人，而这不仅不会影响他作为道德模范的崇高，反而更加拉近了他同实际生活和当地群众的密切联系，展现了他的可信、可亲与可学，对于社会主义核心价值观到基层落地生根有着极大的促进作用。

（2）郭文标承载了社会主义核心价值观的丰富内涵，是社会主义核心价值观民间培育的有效载体。美国气象学家爱德华·罗伦兹（Edward N.Lorentz）提出了"蝴蝶效应"，最常见的阐释是：一只南美洲亚马孙河流域热带雨林中的蝴蝶，偶尔扇动几下翅膀，却有可能于两周后在美国的德克萨斯引起一场龙卷风！"蝴蝶效应"是混沌学理论中的一个概念，输入端微小的差别会迅速放大到输出端。而社会学界用"蝴蝶效应"阐释：一个好的微小的机制，只要正确指引，经过一段时间的努力，将会产生轰动效应。对郭文标精神进行挖掘和特有视角的解读，对他的先进事迹与崇高精神进行宣传教育，经过一段时间的努力，正能量会被迅速放大，也将会产生轰动效应，给民间践行社会主义核心价值观带来巨大"福果"。郭文标正传递着正能量，感动了越来越多身边的人，也有越来越多的人参与到了无私救助中来了。有一次他接到救援电话时，由于离出事海域较远，就先通过对讲机请在附近作业的渔船进行救助。当他赶到的时候，落水的船员都被救起，他看到后十分激动："以前自己救助时别人站在岸上看热闹，现在他不再孤独"，从中可见郭文标在传递正能量，弘扬与践行社会主义核心价值观中所具有的巨大带动作用。

（3）郭文标是社会主义核心价值观建设的积极参与者与宣传者，这进一步扩展了其在引领社会主义核心价值观践行中的感化教育作用。本土道德模范由于其区位优势，能直接参与到和民众的互动和带动民众践行社会主义核心价值观的实践中。郭文标常说："以前是义务，现在是任务。"成为全国道德模范之后，郭文标在更为积极地救人的同时，积极参与到了社会主义核心价值观的宣传和弘扬之中，集社会主义核心价值观的实践者、宣传者、推动者于一身。他通过介绍自己的事迹、分享自身的感受、与他人面对面的交流等方式，影响越来越多的人，特别是对很多青少年的健康成长产生了很大的引导作用，用自己的言行积极弘扬和诠释社会主义核心价值观，起到了十分有效的道德教育效果。

5.3.4.3　本土道德模范引领社会主义核心价值观民间培育的实践路径

本土道德模范是当地践行社会主义核心价值观的先进典型，对于他们的精神需要进行系统挖掘与整理研究，通过各种有效途径充分加以弘扬与宣传，以更好地发挥他们激发社会主义核心价值观民间共鸣中的积极作用。

（1）加强本土道德模范事迹的挖掘与研究，更好地发挥他们在践行社会主义核心价值观中的引领作用。例如，郭文标坚持救人 30 年如一日，救回了 500 多条生命，一次次救人的经历都是传递正能量，是培育社会主义核心价值观很好的鲜活教材。他说过的很多话，是他救人经历与情感的表达，很朴实却与群众生活十分贴近，如："好人还是有好报的，这么多人理解我，支持我，我会继续坚持下去……""道德模范：先修道后有德""对别人好就是对自己好"，如此等等。应积极组织动员宣传工作者、教育工作者、高校学科带头人等社会精英，对本土道德模范的这些先进事迹与言行进行深入挖掘与系统整理，并对各方研究成果、论文等进行评比奖励、结辑出版，这样能更好地从多视角展现出本土道德模范的道德人格，帮助当地民众更好地学习领会他们的可贵品质，也能更好地发挥他们在践行社会主义核心价值观中的引领作用。

（2）加强本土道德模范的宣传教育，进一步增强其对社会的影响与引领作用。要开展相关宣传活动，例如，台州学院郭文标德育基地社会实践队开展的发放"全国道德模范"郭文标宣传手册、组织众人签名等活动，便是传递正能量，增强郭文标精神宣传教育的有效方式。我们要充分借助这类教育基地的平台，发挥青少年开展学习本土道德模范的主动性和创造性，运用更加活泼多样、感同身受的宣传教育方式，如制作播放本土道德模范专题微电影、开展面向基层的社会调查等，从学校向社会推广宣传本土道德模范，促使民众更好地学习实践本土道德模范的精神。当前互联网科技十分发达，还要善于运用网络大力倡导本土道德模范，特别是通过微博、微信这些平台，加强互动，开展讨论，通过对本土道德模范进行深度探讨，更好地寻求民间道德榜样和基层群众道德思想的共鸣点。

（3）加强互动平台的建设，让本土道德模范走进校园，更好地引导青少年健康成长。青少年正处于人生观、价值观塑造的初创阶段，这一时期道德品质、价值观点和理想信念的养成对其一生影响深远。本土道德模范就在当地，可以聘请他们为德育导师，让学生零距离接触道德模范，接受心灵上的洗礼与教育。通过聘请本土道德模范为德育导师，定期到学校开讲座、与学生面对面交谈等方式，能加强他们与青少年的沟通，分享他们的经历与情感，促进青少年树立社会主义核心价值理念。还可以充分发挥本土道德模范的区位优势，建设本土道德模范教育基地，为培育和践行社会主义核心价值观提供有效载体。例如，台州通过建立郭文标教育实践基地，让青少年通过实地参观郭文标海上平安民间救助站、跟随郭文标出海学习等方式，切切实实走进道德模范的生活，让他们在模范的周边感受道德的力量。

第 6 章 结 语

在新时代，中国面临难得的历史发展机遇和种种风险挑战。广大民众是历史的创造者。推进社会主义核心价值观的民间共鸣，将其转化为民众的情感认识和行为动力，有助于在新时代更好的凝聚力量，更好激发蕴藏在广大民众中的无尽智慧，积极投身中国特色社会主义建设。这无疑能为我党在新时代风雨无阻，领导中国人民不断推进中国特色社会主义向前发展提供不竭的力量之源。

对于社会主义核心价值观民间共鸣研究，我们进行以下总结，以为有开展相关的后续研究者和实践者，提供一定的图景分析与具体参考。

一是在中国特色社会主义实践中，涌现出了民间最美人物、新乡贤、垦荒队员等生动展现社会主义核心价值观要求的践行典范，他们是社会主义核心价值观民间共鸣的有效载体。在新时代，随着实践的发展，必将会涌现出越来越多新时代楷模，对于他们的事迹与精神，需要持续关注和研究，以更好发挥他们在促进社会主义核心价值观民间转化中的积极作用。

二是在新时代，社会主义核心价值观如何在时代新人中引发共鸣需要重点关注。需要探索故事化、形象化和生活化的新载体，以使社会主义核心价值观在涵养时代新人中产生积极反响。

三是从调查结果看，社会主义核心价值观民间共鸣效应总体积极。并且随着时代的发展和中国社会主义建设不断取得巨大成就，广大民众对于社会主义核心价值观的认知和认同必将不断提升，对当代中国主流价值观的自信也会不断增强，其在民间必将会引发更为广泛而强烈的共鸣。从调查结果看，民间共鸣越来越趋向于因高层次需要的满足而引发。新时代，随着人民群众对美好生活的向往不断得到满足，也定会更加激发民众的积极反响和强烈共鸣。但也有一些值得重视的问题，如不良现象的滋长和蔓延会严重阻碍民间共鸣的实现，需要进一步重视共鸣环境的优化。转型期民间思想的复杂性弱化了社会主义核心价值观民间话语的影响力，微时代微博、微信等形成的民间舆论场对社会主义核心价值观的民间话语的整合力提出了挑战，市场经济下的道德失范等负面现象冲击着当代中国主流价值观的权威，这些方面都需要进一步加强研究。

四是从影响因素看，民间共鸣状况受到各种因素的综合影响。既有新时代、微时代及全球化和多元化等时代背景因素的宏观影响，也受到历史文化、主体责任、制度建设、法治实践、政策导向、社会环境和社会实践等中观层面因素的影响。在这里，特别是民众内部的各相关变量因素需要关注，包括年龄、性别、兴趣、专业、文化程度，以及政治面貌等因素，都会对民间共鸣的实现产生巨大影响。影响因素涉及方方面面，这就要求我们通过调查研究和细致分析，需要全面考察，透过现象抓住本质，来真实把握共鸣现状与影响因素，并要制定出相应的应对策略。要依据年龄、性别、兴趣、专业、文化程度，以及政治面貌等不同民众的特点，采取有针对性的方法，内容上也要有所侧重。如此，才能增强针对性，促进民间共鸣效应的最终实现。

五是，从社会主义核心价值观民间共鸣的实现路径看，其无疑是一项复杂的系统工程，同时也是一项长期的工程。需要在遵循生成机理基础上，通过调研并结合个案分析，探索有效实现策略，营造良好舆论生态，以不断扩大社会主义核心价值观的民间影响力。而这些都不是一朝一夕便能完成的，在这个过程中，多元文化背景下各种价值观的激烈争斗与交锋的局面仍将长期存在。推进社会主义核心价值观民间共鸣既需要讲求方法，也必须长抓不懈。因此，从责任主体来看，需要全员动员，而不只是哪一个部门、单位或者是哪一个群体的事情，需要通力配合，形成合力，才能更好解决社会转型和价值多元化背景下，有效提升社会主义核心价值观在民众中的影响力和吸引力，以更好发挥其价值整合与社会认同的功能，从而有利于当代中国社会的稳定与发展。

参考文献

著作类：

［1］习近平.习近平谈治国理政［M］.北京：外文出版社，2014.

［2］中共中央宣传部.习近平新时代中国特色社会主义思想学习纲要［M］.北京：学习出版社，人民出版社，2019.

［3］习近平.之江新语［M］.杭州：浙江人民出版社，2016.

［4］中共中央宣传部，中央广播电视总台.平"语"近人——习近平总书记用典［M］.北京：人民出版社，2019.

［5］江泽民.江泽民文选（第1–3卷）［M］.北京：人民出版社，2006.

［6］邓小平.邓小平文选（第1–3卷）［M］.北京：人民出版社，1993–1994.

［7］毛泽东.毛泽东选集（第1–4卷）［M］.北京：人民出版社，1991.

［8］马克思，恩格斯.马克思恩格斯选集（第1–4卷）［M］.北京：人民出版社，1995.

［9］列宁.列宁全集（第55卷）［M］.北京：人民出版社，1990.

［10］列宁.列宁选集（第4卷）［M］.北京：人民出版社，1972.

［11］中共中央文献研究室.毛泽东 邓小平 江泽民论世界观人生观价值观［M］.北京：人民出版社，1997.

［12］中共中央马恩列斯著作编译局马列部，等.马克思主义经典著作选读［M］.北京：人民出版社，2004

［1］袁贵仁.价值观的理论与实践——价值观若干问题的思考［M］.北京：

北京师范大学出版社，2006.

［2］孙健.从观念到践行：社会主义核心价值观如何深入大众［M］.兰州：甘肃人民美术出版社，2015.

［3］李德顺.价值论［M］.2版.北京：中国人民大学出版社，2006.

［4］项久雨.中国新贡献［M］.北京：人民出版社，2018.

［5］康振海.河北社会主义核心价值观培育践行报告（2018—2019）［M］.北京：社会科学文献出版社，2018.

［6］赵孟营.跨入现代之门：当代中国的社会价值观报告［M］.北京：北京师范大学出版社，2008.

［7］李蕊.社会主义核心价值观的榜样引领机制研究［M］.北京：人民出版社，2019.

［8］杨昕.中国共产党意识形态话语权研究［M］.北京：社会科学文献出版社，2015.

［9］陈锡喜.马克思主义：意识形态和话语体系［M］.北京：华东师范大学出版社，2012.

［10］陈章龙.论主导价值观［M］.南京：南京师范大学出版社，2004.

［11］仓道来.中西方价值观的冲撞与交融［M］.石家庄：河北人民出版社，2001.

［12］孙健，孙翔，雒季.从观念到践行——社会主义核心价值观如何深入大众［M］.兰州：甘肃人民美术出版社，2015.

［13］黄希庭.当代青年价值观与教育［M］.成都：四川教育出版社，1994.

［14］刘晓伟.情感教育［M］.上海：华东师范大学出版社，2007.

［15］辞海编辑委员会.辞海［M］.上海：上海辞书出版社，1980：1238.

［16］郑永廷.人的现代化理论与实践［M］.北京：人民出版社，2006.

［17］邵培仁.传播学［M］.北京：高等教育出版社，2000：82.

［18］詹万生，刘庆龙.时代的脉搏——当代大学生价值观演变轨迹［M］.郑州：河南人民出版社，1997.

［19］张德.组织行为学［M］.北京：清华大学出版社，2005

［20］石海兵.青年价值观教育研究［M］.合肥：安徽人民出版社，2007.

［21］陈昌兴.转型期农民工价值观研究［M］.北京：知识产权出版社，2014.

［22］龚海泉，万美容，梅萍.当代公民道德教育［M］.北京：中央文献出版社，2000.

［23］郑永廷，等.思想政治教育学原理［M］.北京：高等教育出版社，2016.

［24］易丹.我在美国信息高速公路上［M］.北京：兵器工业出版社.1997.

［25］殷陆君.人的现代化［M］.成都：四川人民出版社，1985.

［26］鲁迅.鲁迅全集（第8卷）［M］，北京：人民文学出版社，1981：145.

［27］黄凯锋.当代中国价值观研究新取向［M］.上海：学林出版社，2007.

［28］王智慧.价值与体验［M］.桂林：广西师范大学出版社，2008.

［29］贾永春.让社会主义核心价值观教育落细落小落实——立足主题班会的实践探索［M］.北京：华东师范大学出版社，2018.

［30］邱仁富.思想政治教育话语论［M］.上海：上海交通大学出版社，2013.

［31］侯惠勤.马克思主义的意识形态批判与当代中国［M］.北京：中国社会科学出版社，2010.

［32］兰久富.社会转型时期的价值观念［M］.北京：北京师范大学出版社，1999.

［33］吕明臣.话语意义的建构［M］.长春：东北师范大学出版社，2015.

［34］刘英杰，刘震宇.伦理学导论［M］.哈尔滨：哈尔滨工程大学出版社，2013：147.

［35］田秀云.社会道德与个体道德［M］.北京：人民出版社，2004.

［36］司马云杰.文化价值论［M］.西安：陕西人民出版社，2003.

［37］兰久富 . 社会转型时期的价值观念［M］. 北京：北京师范大学出版社，1999.

［38］方旭光 . 认同的价值与价值的认同［M］. 北京：中国社会科学出版社，2014.

［39］车铭洲 . 现代西方思潮概论［M］. 北京：高等教育出版社，2001.

［40］何理 . 思想政治理论课话语体系生成和发展研究［M］. 北京：人民出版社，2015.

［41］杨慧民 . 新时代·新思想·新实践——高校思想政治理论课典型教学案例 100 篇［M］. 北京：高等教育出版社，2018.

［42］江畅，戴茂堂 . 西方价值观念与当代中国［M］. 武汉：湖北人民出版社，1997.

［43］邱伟光，张耀灿 . 思想政治教育学原理［M］. 北京：高等教育出版社，1999.

［44］鲁迅 . 鲁迅全集（第 6-8 卷）［M］. 北京：人民文学出版社，1981.

［45］叶南客 . 中国人的现代化［M］. 南京：南京出版社，1998：10.

［46］袁久红 . 社会主义核心价值观教育教学案例精编［M］. 南京：东南大学出版社，2014.

［47］吴礼宁 . 修身立德，文明守法：大学生社会主义核心价值观教育的理论与实践研究［M］. 北京：中国水利水电出版社，2016.

［48］郑珠仙 . 国家意识形态安全与大学生社会主义核心价值观教育研究［M］. 北京：人民出版社，2014.

［49］金耀基 . 从传统到现代［M］. 北京：中国人民大学出版社，1999.

［50］龚海泉，万美容，梅萍 . 当代公民道德教育［M］. 北京：中央文献出版社，2000.

［51］刘济良 . 青少年价值观教育研究［M］. 广州：广东教育出版社，2003

［52］许苏民 . 文化哲学［M］. 上海：上海人民出版社，1990

［53］阴国恩 . 非智力因素及其培养［M］. 杭州：浙江人民出版社，1996.

［54］骆郁延.精神动力论［M］.武汉：武汉大学出版社，2003.

［55］黄凯锋.审美价值论［M］.昆明：云南人民出版社，2005.

［56］徐东升.基于沂蒙精神育人的社会主义核心价值观教育研究［M］.济
　　　南：山东人民出版社，2015.

［57］喻嘉乐.新时代研究生群体社会主义核心价值观教育研究［M］.杭州：
　　　浙江大学出版社，2015.

［58］姚远.高校青年自组织与大学生社会主义核心价值观教育［M］.成都：
　　　四川大学出版社，2018.

［59］刘放桐.新编现代西方哲学［M］.北京：人民出版社，2000.

［60］王岳川.后现代主义文化研究［M］.北京：北京大学出版社，1992.

［61］万俊人.现代西方伦理学史（上下卷）［M］.北京：北京大学出版社，
　　　1990.

［62］王易.当代大学生价值观调查报告［M］.北京：中央党史出版社，
　　　2008.

［63］段忠桥.当代国外社会科学［M］.2版.北京：中国人民大学出版社，
　　　2004.

［64］刘祖云.从传统到现代——当代中国社会转型研究［M］.武汉：湖北
　　　人民出版社，2000.

［65］赵正文.社会主义核心价值观融入大学生思想教育的创新机制研究［M］.
　　　北京：清华大学出版社，2018.

［66］刘济良.青少年价值观教育新视阈［M］.北京：中国社会科学出版社，
　　　2018.

［67］吴贤军.中国国际话语权构建：理论、现状和路径［M］.上海：复旦
　　　大学出版社，2017.

［68］孟建伟.论科学的人文价值［M］.北京：中国社会科学出版社，2000.

［69］汤泽林.观念的变革——传统人意识到现代人意识［M］.北京：职工
　　　教育出版社，1989.

［70］杨国荣.现代化过程中的人文向度［M］.上海：上海古籍出版社，2006.

［71］朱小蔓.情感德育论［M］.北京：人民教育出版社，2005.

［72］王德军.生存价值观探析［M］.北京：社会科学文献出版社，2008.

［73］万资姿.当代大学生社会主义核心价值观认同与培育研究［M］.北京：人民出版社，2018.

［74］吴向东.重构现代性——社会主义价值观研究［M］.北京：北京师范大学出版社，2006.

［75］刘祖云.从传统到现代：当代中国社会转型研究［M］.武汉：湖北人民出版社，2000.

［76］郑克卿.大学生社会主义核心价值观培育与践行路径研究［M］.北京：中国社会科学出版社，2018.

［77］王玉梁.21世纪价值哲学：从自发到自觉［M］.北京：人民出版社，2006.

［78］戴木才.时代的价值坐标——社会主义核心价值观简明读本［M］.长沙：湖南教育出版社，2017.

［79］吴亚林.价值与教育［M］.北京：北京师范大学出版社，2009.

［80］张澍军.德育哲学引论［M］.北京：人民出版社，2002.

［81］杨德广.中国当代大学生价值观研究［M］.上海：上海教育出版社，1997.

［82］檀传宝.大众传媒的价值影响与青少年德育［M］.福州：福建教育出版社，2005.

［83］俞可平，王卫平.全球化的悖论［M］.北京：中央编译出版社，1998.

［84］段传彬.当代社会主义核心价值观培育和践行的多维研究［M］.北京：中国水利水电出版社，2016.

［85］张岱年.文化与价值［M］.北京：新华出版社，2004.

［86］周晓虹.传统与变迁——江浙农民的社会心理及其近代以来的嬗变［M］.

北京：生活·读书·新知三联书店，1998.

［87］竹立家．道德价值论［M］．北京：中国人民大学出版社，1998.

［88］比尔·克林顿．希望与历史之间［M］．汪小英，译．海口：海南出版社，
1997.

［89］内尔·诺丁斯．学会关心——教育的另一种模式［M］．于天龙，译．北
京：教育科学出版社，2003.

［90］谢尔·以色列．微博力［M］．任文科，译．北京：中国人民大学出版社，
2010：97.

［91］阿历克斯·英格尔斯，等．人的现代化［M］．殷陆君，译．成都：四
川人民出版社，1985.

［92］马斯洛．人的潜能与价值［M］．林方，译．北京：华夏出版社，1987.

［93］理查德·F.库索尔．法兰西道路：法国如何拥抱和拒绝美国的价值观与
实力［M］．言予馨，付春光，译．北京：商务印书馆，2013.

［94］埃弗里·M.罗吉斯，拉伯尔·J.伯拉格．乡村社会变迁［M］．王晓毅，
等译．杭州：浙江人民出版社，1988.

［95］雷·艾伦·比林顿．向西部扩张——美国边疆史（下）［M］．周小松，
等译．北京：商务印书馆，1991.

［96］丹尼尔·J.布尔斯廷．美国人——建国的历程［M］．谢廷光，等译．上
海：上海译文出版社，1989.

［97］罗素．中国问题［M］．秦悦，译．上海：学林出版社，1996.

［98］波特，韦斯雷尔．话语和社会心理学：超越态度与行为［M］．肖文明，
等译．北京：中国人民大学出版社，2006.

［99］埃米尔·涂尔干．社会分工论［M］．渠东，译．北京：生活·读书·新
知三联书店，2000.

［100］鲁道夫·奥伊肯．生活的意义与价值［M］．赵月瑟，译．上海：上海
译文出版社，2018.

［101］舍勒．价值的颠覆［M］．罗悌伦，等译．北京：生活·读书·新知三

联书店，1997.

［102］Frances Moore Lappe. Rediscovering America's Values［M］. New York：Ballantine Books，1989.

［103］M. H. Bond. The hand book of Chinese psychology［M］. Hong Kong：Oxford University Press，1996.

［104］Coleman，J. S. Foundation of Social Theory［M］. Cambridge：Harvard University Press，1990.

［105］Anne-Marie Slaughter. The Idea That Is America：Keeping Faith With Our Values in a Dangerous World［M］. New York：Basic Books，2008.

［106］RiChard Norman. Free and Equal：A Philosophical Examination of Political Values［M］. New York：Oxford University Press，1987.

［107］Vincent Ryan Ruggiero. Corrupted Culture［M］. New York：Prometheus Books，2013.

期刊类：

［1］江畅，蔡梦雪.从革命价值观到核心价值观——中国现代价值观构建的三阶段［J］.江汉论坛，2018（12）.

［2］左路平，吴学琴.当代中国价值观念话语体系的对外传播策略研究［J］.探索，2018（1）.

［3］孙兰英.新时代高校思想政治理论课的价值引领［J］.思想教育研究，2019（3）.

［4］邱仁富.论社会主义核心价值观的整体性[J].毛泽东思想研究，2017(3).

［5］方晓春.社会主义核心价值观与马克思主义价值理论的逻辑关系［J］.毛泽东思想研究，2018（3）.

［6］齐卫平，徐伟.社会主义核心价值观的传统文化滋养与现代性生长［J］.社会科学战线，2015（6）.

［7］项久雨，吴海燕.论当代中国价值观念的时代特性和世界意义［J］.学

校党建与思想教育：普教版，2015（6）.

［8］张子荣.学德辨实：新时代青年培育践行社会主义核心价值观的四个着力点［J］.思想政治教育研究，2019（2）.

［9］林楠，吴佩婷.伦理叙事激发情感共鸣的机理探究［J］.社会科学战线，2019（1）.

［10］王宇，张澍军：民间舆论场中社会主义核心价值观的价值感召［J］.思想政治教育研究，2017（6）.

［11］柯溢能.媒体融合中寻求价值共鸣与把握传播节奏的路径分析——以报道浙大食堂大叔现身毕业典礼为例［J］.新媒体研究，2017（22）.

［12］李新科，孙鹏.民间体育视角下社会主义核心价值观认同的路径创新探［J］.玉林师范学院学报，2018（5）.

［13］杨宜音：社会心理领域的价值观研究述要［J］.中国社会科学，1998（2）.

［14］刘志明.论大学生价值观念的现代化［J］.思想教育研究，2001（3）：31.

［15］戴木才.从思想和价值观上打造"中国话语权"［J］.红旗文稿，2015（6）.

［16］傅守祥.全球化挑战下的中国文化现代化［J］.内蒙古社会科学：汉文版，2004（2）.

［17］郭冬梅，康红波.提升农民工社会主义核心价值观的思考［J］.实践.2008（10）.

［18］田旭明，陈延斌.社会主义核心价值观引领民间舆论场的实效性对策探讨［J］.马克思主义研究，2016（3）.

［19］赵隆.议题设定和全球治理——危机中的价值观碰撞［J］.国际论坛，2011（4）.

［20］莫凡.当代中国价值观念国际传播策略的三个维度［J］.青海社会科学，2015（5）.

［21］戈玲.试析当代青年价值观念变化对其政治倾向形成的影响［J］.中国青年政治学院学报，2000（2）.

［22］项久雨.当代中国价值观念国际传播的新媒体作为［J］.理论与评论，2018（5）.

［23］贾英健.多样价值观态势与主导价值观的确立［J］.山东社会科学，2002（1）.

［24］鲁洁.人对人的理解：道德教育的基础——道德教育当代转型的思考［J］.教育研究，2000（7）.

［25］金鸽.例论高中思想政治课渗透社会主义核心价值观教育的四个维度［J］.思想政治课教学，2018（6）.

［26］盛春晖.新时期主导价值观教育的内容［J］.教育研究，2003（1）.

［27］郭开虎.社会主义核心价值观培育与高校思想政治理论课社会实践教学［J］.湖南科技学院学报，2012（8）.

［28］锐生.论人的全面发展：历史与现实［J］.马克思主义研究，2001（6）.

［29］廖小平.论道德榜样——对现代社会道德榜样的检视［J］.道德与文明，2007（2）.

［30］秦维宪.苏联社会价值观演变的历史教训［J］.浙江社会科学，2001（4）.

［31］李德臣，杨福忠.从当前国家同农民的关系看农村社会稳定［J］.中国特色社会主义研究，2004（2）.

［32］杨明，郭广银，李克海.关于社会主义核心价值体系理论与实践研究：以江苏省为例［J］.江苏社会科学，2009（3）.

［33］王全权.从青年流行语看社会价值观的变迁［J］.江西社会科学，2007（9）.

［34］辛志勇，金盛华.新时期大学生价值取向与价值观教育［J］.教育研究，2005（10）

［35］毛跃.论社会主义核心价值观的国际话语权［J］.浙江社会科学，2013（7）.

［36］刘淑兰.乡贤治理中乡贤文化的时代价值及其实现路径［J］.理论月刊，2016（2）

［37］韩丽丽.大学生急需补上"诚信"课［J］.思想政治工作研究，2004（2）.

［38］郝琦.毛泽东邓小平社会价值观之比较［J］.延安大学学报：社会科学版，2006（1）.

［39］杨鲁慧.论马克思主义主体价值观本质［J］.社会主义研究，2007（4）.

［40］庞卫国.价值多元与主导价值观［J］.求索.2003（1）.

［41］邹国振.推进社会主义核心价值观入法入规的逻辑理路［J］.理论与改革，2019（9）.

［42］刘翠.文化现代化转型的基本原则［J］.学术交流，2003（6）.

［43］王桂芬.以科学发展观构建转型期公民社会价值观［J］.安徽大学学报：哲学社会科学版，2005（1）.

［44］陈昌兴，陈奇娟.从民间"最美现象"评价活动的显著成效看核心价值体系工程实施的路径选择［J］.学术论坛，2013（4）.

［45］陈昌兴，干承武.后现代主义思潮影响下的青年信仰危机现象透视［J］.探索，2010（2）.

［46］陈昌兴.思想政治理论课教学中融入核心价值观教育的困境及应对［J］.山西高等学校社会科学学报，2015（6）.

［47］陈昌兴，杜才平，等.高校思想政治教育与创新人才培养——基于建构主义视角的解析［J］.湖北社会科学，2012（11）.

［48］陈昌兴.垦荒精神的伦理意蕴及其当代价值［J］.山西师大学报：社会科学版，2019（3）

［49］陈昌兴.核心价值观融入思想政治课教学的新路径——基于民间最美人物的视角［J］.中学政治教学参考（下旬），2016（11）.

［50］陈昌兴.高校思想政治理论课教学的"微"视角创新研究［J］.台州学院学报，2014（1）.

［51］张铁山.科学的社会价值观问题研究［J］.学术研究，2006（2）.

［52］王伯军.美国社会价值观的再解读［J］.探索与争鸣，2002（7）.

［53］刘志明.论大学生价值观念的现代化［J］.思想教育研究，2001（3）.

［54］徐贵权.改革开放以来中国社会价值观变化之研究透视［J］.毛泽东邓

小平理论研究，2007（6）.

［55］于海.价值观和多元化与道德教育的多层次［J］.复旦教育论坛，2005（3）.

［56］史娜.当代我国社会经济价值观嬗变的报告［J］.河南大学学报：社会科学版，2010（3）

［57］柳礼泉，庄勤早.弘扬榜样文化与培育友善价值观论析［J］.学术论坛，2019（3）.

［58］王景妍.互联网思维与培育社会主义核心价值观［J］.中学政治教学参考，2019（21）.

［59］李志军，邓鹏.从文化冲突对青年学生信仰的影响看信仰教育［J］.毛泽东邓小平理论研究，2010（9）

［60］朴金波.现代化的实现与价值观的转变［J］.社会科学战线，2000（6）.

［61］张军.中国经济的改革和发展：价值观的影响［J］.江苏社会科学，2004（3）.

［62］赵永萍，张进辅.青少年审美价值观调查与分析［J］.西南师范大学学报：人文社会科学版，2004（5）.

［63］罗石.转型期理想、信念、信仰弱化现象分析［J］.理论探索，2004（1）.

［64］单培勇.马克思主义人学中的人的素质思想探析［J］.河南师范大学学报：哲学社会科学版，2010（3）.

［65］张荆.当代青年的道德价值观［J］.青年研究，1990（Z1）.

［66］郑钢.当前青少年价值观的研究及其发展趋势［J］.心理学动态，1996（1）.

［67］顾莉.地方文化在高校社会主义核心价值观培育中的效用研究［J］.江苏高教，2019（4）.

［68］Yaohui，Zhao.The Role of Mirant Networks in Labor Migrant：The Case of China［J］.Contemporary Economic Policy，2003（4）.

报纸类：

[1] 江畅. 培育和践行社会主义核心价值观与中国价值观构建 [N]. 中国社会科学报，2014-01-13.

[2] 习近平. 把培育和弘扬社会主义核心价值观作为凝魂聚气强基固本的基础工程 [N]. 人民日报，2014-02-26.

[3] 中共中央办公厅印发《关于培育和践行社会主义核心价值观的意见》[N]. 人民日报，2013-12-24.

[4] 渠长根. 红船精神与社会主义核心价值观 [N]. 浙江日报，2018-02-12.

[5] 谭培文. 中国实践与中国话语权 [N]. 光明日报，2015-01-15.

[6] 陈律. 加强社会主义核心价值观的对外传播 [N]. 光明日报，2013-08-24.

[7] 刘培. 新时代培育和践行 社会主义核心价值观的四个向度 [N]. 安徽日报，2017-12-01.

[8] 袁中锋. 光照现实方可引起共鸣 [N]. 安徽日报，2017-04-25.

[9] 李德顺. 论树立正确的价值观 [N]. 光明日报，1998-01-10.

[10] 杨立川. 通过民间艺术传播社会主义核心价值观 [N]. 光明日报，2016-06-11.

[11] 人民日报评论员. 以人为本提升价值认同度 [N]. 人民日报，2014-02-24.

[12] 于洪波. 以人为本提升价值认同度 [N]. 人民日报，2014-09-27.

[13] 侯召溪，等. 蓬莱市开展"做新时期蓬莱人"大讨论，让核心价值观融入百姓生活 [N]. 烟台日报，2014-05-13.

[14] 何善蒙. 和合：从理念到信仰再到文化价值 [N]. 中国社会科学报，2018-05-22.

[15] 胡锦涛. 在北京大学师生代表座谈会上的讲话 [N]. 光明日报，2008-05-04.

［16］两岸年度汉字："微"［N］.人民日报：海外版，2011-12-09.

［17］继承和弘扬大陈岛垦荒精神 热爱祖国好好学习砥砺品格［N］.人民日报，2016-06-01.

［18］浙江"最美现象"引起热议 一起寻找美的力量［N］.浙江日报，2012-09-12.

［19］周凌华.功劳 苦劳 疲劳［N］.台州日报，2010-10-13.

［20］中共中央国务院.关于加大改革创新力度加快农业现代化建设的若干意见［N］.人民日报，2015-02-02.

［21］罗浩榕.传承弘扬垦荒精神讲好大陈岛故事［N］.台州日报，2017-06-01.

［22］李朝晖.让"最美"精神引领时代风尚［N］.海南日报，2012-09-18.

［23］郑国强.弘扬"最美精神"推进"最美"建设［N］.浙江日报，2016-08-30.

附录　调查问卷

一、基本情况（在□里打√）

性别：□ 男　　　□ 女

籍贯：_____省（自治区、直辖市）_____县（市、区）

民族：_____

您的职业：

□ 工人　　　　　□ 农民　　　　　□ 学生　　　　□ 工商个体户

□ 一般职员、办事员　　　　□ 专业技术人员

□ 机关干部　　□ 管理人员　　　□ 商业服务业人员

□ 警察、军人、保安　　　　□ 教育工作者　　□ 医务人员

□ 无固定工作　□ 离退休人员　　□ 其他

您出生于：

□ 1970 年前　　　　□ 1970—1979 年　　　□ 1980—1989 年

□ 1990—1999 年　　　□ 2000 年后

您参加党派组织情况：

□ 群众　　　　　□ 中共党员　　　□ 民主党派　　　□ 共青团员

您的文化程度：

□ 小学及以下　□ 初中　　　　□ 高中　　　　□ 中专或中技

□ 高职高专或高技　　　　□ 大学本科　　□ 研究生

您的专业或您感兴趣的领域是_____

二、请选择一个您赞同的答案，将其填在（　　　）里（以下均为单项选择题）

1. 对于做一个诚实的人，您认为（　　　）

A. 这是人之为人的基本品格，应该坚持这样做。

B. 应该这样做，但做诚实的人有时会吃亏。

C. 具体情况具体分析，老实人容易吃亏。

D. 在当前做一个诚实的人没意义，还会被嘲笑太老实等。

E. 其他，比如说：＿＿＿＿＿＿＿＿＿

2. 对于"螺丝钉精神""铁人精神"等吃苦耐劳、兢兢业业的敬业精神，您认为（　　　）

A. 有这种精神值得称赞，任何时代都需要这种精神。

B. 这些已经过时了。

C. 在当前有学习这些精神让人觉得有些"犯傻"和"蛮干"的感觉。

3. 对于请求帮助的陌生人，您的态度是（　　　）

A. 多一事不如少一事，以免给自己带来不必要的麻烦。

B. 会尽量去帮助他。

C. 先弄清情况，看看事情是否麻烦，举手之劳就帮一下，如果比较麻烦就算了。

D. 人心难测，以防被骗。

4. 当您看到不文明行为时，您会（　　　）

A. 及时出面进行劝阻或批评。

B. 必要时会站出来。

C. 有其他人站出来时，会一起上去劝阻或批评。

D. 在心理谴责下，但一般不会站出来。

E. 不关自己的事，一般不管。

5. 你最喜欢看以下哪类电视节目？请选择一个:（　　　）

A. 有深度、有哲理的节目　　　　　B. 战争、武打动作类节目

C. 休闲娱乐类节目　　　　　　D. 饮食、健康等生活类节目

E. 法制、教育类节目　　　　　　F. 经济财经类节目

G. 新闻时政类节目　　　　　　H. 科学技术类节目

I. 体育类节目　　　　　　　　J. 与自己所从事的工作有关的节目

K. 情感类节目　　　　　　　　L. 其他，如＿＿＿＿＿＿＿＿

6. 您上网主要是为了:（　　　）

A. 查资料，学知识与技能。

B. 购物。

C. 交交朋友、聊聊天。

D. 打游戏、听音乐、看小说、漫画和电影，或是浏览各类网页，从时政热点到小道消息，再到趣闻逸事等什么都看。

E. 为查找自身需要的信息。

F. 很少上网

G 其他＿＿＿＿＿＿＿＿

7. 您觉得以下哪一种感觉最为美好，请选择一个:（　　　）

A. 物质方面的富足感。

B. 办成事情、取得成功后的成就感

C. 为国争光的荣誉感。

D. 家庭和睦、人际和顺的和谐感。

E. 情感方面的温馨感。

F. 学得知识、弄清问题后的喜悦感。

G. 获得尊重或理解后的欣慰感。

H. 美味佳肴的可口感。

I. 旅游、音乐、游戏等休闲娱乐活动带来的放松、舒畅与快乐的愉悦感。

J. 助人为乐、见义勇为的正义感。

K. 其他，比如＿＿＿＿＿＿＿＿

三、以下观点与您是否认同，请选择您的看法（打√）

选项	非常认同	比较认同	说不清楚	不太认同	很不认同
以和为贵					
胜者为王，为了达成目标或竞争取胜可用各种手段					
国家兴亡，匹夫有责					
要与他人、社会以及自然和谐相处					
做事情跟着感觉走					
有钱能搞定一切					
不管从事什么工作都需要兢兢业业、忠于职守					
人生就是一场游戏，不必太认真，玩玩就行					
学习法律知识很重要					
人生苦短，及时享受					
维护公正的社会秩序人人有责					
我会珍惜并认真行使自己的选举权利					
我的生活已离不开网络					

四、对于我国倡导富强、民主、文明、和谐，倡导自由、平等、公正、法治，倡导爱国、敬业、诚信、友善，积极培育和践行社会主义核心价值观。请您根据实际选择（单选题）：

问题	在您想要选择的选项的括号里打√					
您的态度是：	会积极支持和响应（　）	有时会响应（　）	说不清（　）		不会响应（　）	其他（　）
对其重要性与意义，您的看法是：	非常重要，很有意义（　）	重要，有意义（　）	与我关系不大（　）		不重要，没什么意义（　）	
您对这三个倡导：	非常了解（　）	有所了解（　）	有听到、看到，可不大了解（　）			没听过（　）
您了解相关内容最主要是通过：	书本、课堂学习培训等（　）	电视报纸（　）	与他人交流中（　）	公共场所宣传标语（　）	网络生活（　）　不了解（　）	其他，比如：（　）

五、根据您的实际想法在您想要选择的一个选项下面打√（每题选一个答案）

问题	富强	民主	文明	和谐	自由	平等	公正	法治	爱国	敬业	诚信	友善	其他
右边哪一个方面您有相关经历或关注最多													
我国在哪一个方面取得进步您感到最为高兴													
破坏或违背哪一方面的人或事物最让您气愤													

六、您还有需要补充什么吗？请写在下面：＿＿＿＿＿＿＿＿

后　记

从 2014 年本人主持的教育部人文社会科学规划研究青年基金项目（项目编号：14YJC710002）立项，到现在完成《社会主义核心价值观民间共鸣的理论与实践研究》这一最终成果，期间写作中受到了老师、同事、同学以及家人等的不断鼓励和支持，在此深表感谢！

本人长期从事价值观方面的研究，博士论文主要围绕农民工价值观塑造问题开展研究，专著《转型期中国农民工价值观研究》已于 2014 年出版。在这些研究中，积累了不少的研究方法，形成了一定的研究方向，为本书的深入开展奠定了很好的基础。在本书写作期间，民间"最美人物"、垦荒精神以及新乡贤等生动展现社会主义核心价值观要求的人和现象不断涌现，有助于本研究将理论与实践有机结合，通过现实观察和探索内在规律。

在写作过程中，我在南京师范大学马克思主义理论博士后流动站的指导老师王小锡教授，从题目拟定、构思、写作，以及修改等方面都给予了悉心指导。我的博士生导师李俊奎教授和我的硕士生导师刘利才教授，在我有疑惑和困难的时候总是会及时解惑和鼓励，对这一项目的最终顺利完成帮助巨大。同时，也离不开台州学院，特别是科研处的大力支持。

该著作的顺利完成，离不开我的同事与同学们的大力支持和帮助。十分感谢朱国芬教授提供的宝贵意见，以及在问卷发放上提供的大力帮助。也十分感谢梁德友教授和张学浪副教授等给予我的很多建议，他们经常和我交流、探讨学术问题，以自己的渊博学识和清晰思路，对我的写作提出了许多独到的建议，使我深受启发。同时，项目的课题组成员的共同学习、研究与探讨，使我的写作与研究受益匪浅。

关于我的著作，还要十分感谢对课题的调查研究工作给予帮助的许多单位和个人。淮北矿业集团的晁辉、浙江台州市政府金融工作办公室的骆汉婧、上海黄浦区纪委的张卫君、河南固始县慈济高级中学的刘如坤、四川西华师范大学党员宣传部的蒋文程、江西工学院的吕规、浙江玉环城北学校的郑萍，以及台州学院 2017 级思想政治教育（师范）本科班的学生等都对开展调查给予了很大的帮助，还有许多在这方面给予支持的单位和个人不能一一列出，深表歉意。正是在大家的相助之下，使著作涉及的调查研究工作顺利进展，并为研究提供了第一手翔实的资料，对写作的最终完成起到了很大的推进作用。

在此，要感谢一直在背后支持和鼓励我的家人。在我写作期间，他们为我承担了家里的许多事务，默默付出了许多，并且主动帮我发放了很多问卷，给我力所能及的帮助。他们的期盼和付出也是我不断努力，坚持完成写作的巨大动力。

最后，该著作在写作过程中参考和引用了学界相关领域不少观点和阐释，对于此，在写作过程中尽力标注，这些对于本研究的开展给予了很多启发，在此深表谢意！本书虽然已经完成写作，但由于时间与水平有限，其中不足之处，还望各位专家、同仁，以及其他相关方面的研究者和实践者不吝赐教，本人不胜感激。

陈昌兴

2019 年 6 月 20 日 于浙江省玉环市